Thommy M. Schott
Einspruch, Exzellenzen!
Tacheles zum Synodalen Weg

Meiner Dinka gewidmet

und

Teresia Benedicta a Cruce, Patronin Europas

Thommy M. Schott

Einspruch, Exzellenzen!

Tacheles zum Synodalen Weg

1. Auflage 2022
© Fe-Medienverlag
Hauptstr. 22
D-88353 Kisslegg
www.fe-medien.de

Umschlaggestaltung: Manuel Kimmerle
Layout: Renate Geisler
Druck: orth-druk, Polen

ISBN: 978-3-86357-364-5

Inhalt

Geleitwort John Digilio

Wenn Thommy mich um neun Uhr abends meiner US-Ortszeit anrief, um mir einen Auszug seines Manuskriptes vorzulesen, riet ich ihm, er solle aufpassen, was er um drei Uhr nachts schreibe, denn um sieben Uhr würde er es vielleicht bereuen. Jetzt, da ich sein fertiges Manuskript gelesen habe, muss ich meine Meinung ändern.

Als praktizierender Katholik und Nachfahre italienischer Einwanderer zähle ich Nordamerika zum christlichen Abendland. In den Vereinigten Staaten beobachtet man mit großer Aufmerksamkeit, aber auch mit wachsendem Erstaunen die Entwicklung der katholischen Amtskirche in Deutschland.

Auf beiden Seiten des Atlantik ist die Katholische Kirche nicht zuletzt durch die furchtbaren Skandale um den sexuellen Missbrauch durch Kleriker beschädigt, besonders in meiner Heimatstadt New York.

Das vorliegende Buch ist Aufruf und Warnung zugleich für alle Katholiken, aber auch an die Feinde der Kirche, die mit dem Finger der Unschuld auf sie zeigen, das Leid der Opfer nicht für ihre Partikularinteressen zu missbrauchen.

Mit beeindruckenden Sprachbildern beschreibt der Autor die fragwürdige Selbstbindung der Deutschen Bischofskonferenz an den vergänglichen Zeitgeist. Die Stimme Andersdenkender wie des Passauer Bischofs Stefan Oster gehen im Revolutionsgebrüll unter. „It is impossible to rightly govern the world without God and the Bible", sagte George Washington. Wenn aber religiöse Energien fehlen, ist die Politik nicht länger vom Guten beseelt.

Und als sei der gegenwärtige Zustand nicht schlimm genug, verleitet die Kirchenkrise gleichsam zu ihrer Erpressung. Für mich als Soldat offenbart dieses Verhalten nicht den von den Synodalen vielbeschworenen Mut, sondern ihre Feigheit.

Die kanonische Expertise von Kardinal Marc Ouellet zur Unwirksamkeit von Beschlüssen einer deutschen Synode prallte 2019 an den Initiatoren ab.

Zwar stoppte der offene Brief Seiner Heiligkeit an die deutschen Katholiken im Juni 2019 zunächst die Planung als nationale Synode, worauf eine Umbenennung in Synodaler Weg, aber keine Zieländerung folgte.

Das Abschlussdokument der überwiegend mit Bischöfen deutschsprachiger Herkunft besetzten Amazoniensynode im Oktober 2019 mit ihren Forderungen nach Diakoninnenweihe und Ausnahmen vom Zölibat gab den deutschen Plänen dann wieder Auftrieb. Und als Papst Franziskus mit Querida Amazonia wider Erwarten grünes Licht weder für Frauenordination noch für Viri probati erteilte, schlugen die enttäuschten Erwartungen der Reformer schnell in triumphale Interpretationen der päpstlichen Worte um: „Der Weg geht weiter" sagte Kardinal Marx stur. Für mich als Katholik ist das eine seelenlose Bewertung der päpstlichen Autorität.

Das vorliegende Werk hat mit seinem gnadenlosen Befund eine ungeheure Aktualität und mit seiner Prognose zugleich eine visionäre Kraft.

Mit dem Autor verbindet mich nicht nur als Veteran eine tiefe Kameradschaft. Ich kenne Thommy als tiefgläubigen Menschen, für den Gott nicht „irgendeine höhere Macht" ist, sondern der Erschaffer des Alls.

Long Island (NY), im Juli 2022
Baron John T. Digilio
General ret. West Point, US-Army

Geleitwort Jozo Pavkovic

Wir leben in einer Zeit der Herausforderungen, in der uns täglich nicht nur neue, sondern auch größere und schwierigere Fragen gestellt werden. Fragen, die direkte, konkrete und durchdachte Antworten erfordern. Gleichzeitig stellt uns die Zeit vor verwirrende Aufgaben, die von der Tradition, der gewohnten Lebensweise und dem Glauben abweichen, oft sogar mit völlig gegensätzlichen Zeichen des Lebens, das wir zu leben gelernt haben. Daher sollten Antworten gesucht werden, die nicht mehrdeutig sind und deren Erdung stark, gut argumentiert und klar sein sollte. So wie dieses Buch.

Auch die katholische Kirche auf der ganzen Welt befindet sich im Strudel der Veränderungen und wird auf allen Ebenen überprüft. Vom Heiligen Stuhl bis zu den Ortskirchen, von Diözesen bis zu Pfarreien. Das alles erfordert von der Kirche ein Umdenken, aber auch Wachsamkeit. Jahre waren säkulare Phänomene verborgen, die jetzt wieder an die Oberfläche kommen und von der Kirche wird die Kraft für eine erneute Überprüfung gefordert. Jenes Hinterfragen darf jedoch nicht zu Lasten der Schrift, der Tradition und der Lehre gehen, sondern muss immer im Einklang mit der Lehre Christi stehen, also den beiden Geboten der Liebe, die bekanntlich lauten: Liebe deinen Gott aus vollem Geist, mit Herz und Seele und liebe deinen Nächsten wie dich selbst.

Das müssen die Beweggründe von Thommy Schott gewesen sein, als er seine Arbeit begann und vollendete. Auch wir in Bosnien und Herzegowina konnten uns mehr als einmal von der Offenheit seiner Seele für die Nöte unserer Leute überzeugen, in denen er das Antlitz Gottes erkannte und ihnen immer mit offenem Herzen begegnete. Es ist wenig darüber bekannt, wie Thommy und seine Familie Hunderte Tonnen humanitärer Hilfe verschickt haben. Und diese zahlreichen Wohltaten bezeugen, dass sie ihr Leben wahrhaftig nach Gottes Geboten leben.

Daher bin ich froh, dass ich die Gelegenheit hatte, ihm auf diesem Weg für alles zu danken, was er auf unserem Gebiet getan hat und tut.

Jozo Pavkovic
Chefredakteur und Direktor des Večernji List
für Bosnien und Herzegowina

VATER, SCHÜTZE UNS VOR DIESEN
LANGWEILERN, DIE UNS
WEISSMACHEN WOLLEN, DASS WIR VOM
AFFEN ABSTAMMEN,
DASS ES KEINE HEILIGEN GIBT,
MARIA KEINE JUNGFRAU UND
DIE HOCHZEIT VON KANA
JESUS EIGENE WAR
Gebet des Verfassers

Vorwort[1]

Wenn in Deutschland jemand skandalisieren will, macht er es am besten mit der katholischen Kirche. Dann steht er da wie David gegen Goliath, der sich aber nicht wirklich wehren kann, denn Rom ist weit. Der Synodale Weg ist so ein falscher David.

Es ist ja auch so einfach geworden: Wer nicht für Gleichberechtigung für Frauen in der Kirche eintrete, sei Rassist. Die Verbindungslinie geht von den Gegnern der eigenen Weltanschauung zum Hashtag #wirsinddieopfer und erzeugt die miserable Außenwirkung der traditionalistischen Katholiken als böse Übermacht von gestern.

Als die Frühjahrsvollversammlung 2019 der Deutschen Bischofskonferenz beschloss, eine Synode[2] abzuhalten und die Themen bekanntgab, dachte ich: Mist, jetzt ist's vorbei mit katholisch in Deutschland. Meine kurze Hoffnung, das sei doch nur Teil der Bandbreite des Katholischen, versank in der synodalen Entwicklung. Mit ihrem Prussisch Roulette der Rücktrittsangebote sind die Reformisten einen hohen Preis zu zahlen bereit, um alles Katholische zu protestantisieren.

Sie sind Katholik und denken nicht an den Synodalen Weg? Machen Sie sich keine Sorgen, Ihnen fehlt nichts. Allerdings lohnt es sich, diesen Versuch einer zweiten Reformation zu betrachten. Denn wer die Feinde der Kirche kennt, kann ihre Zerstörung verhindern. Reformatorisches Merkmal ist diesmal der Versuch, die *sacra potestas* – die geistliche Vollmacht unserer Priester – nicht länger als göttliche Berufung auszu-

---

[1] Hinweis für Synodale: kann Spuren von Katholischem enthalten

[2] Erst auf Rüge aus Rom mit Hinweisen auf das kanonische Recht wurde die Veranstaltung in Synodaler Weg umbenannt

gießen, sondern nach menschlichen Verdiensten als gutes Recht auszuteilen.

Die katholische Kirche ist die älteste Institution der Welt. Sie denkt in Jahrhunderten. Nie hat sie sich dem Zeitgeist verschrieben. Genauso alt ist die Kritik an allem, was katholisch ist. Die Regeln seien zu streng, die Vergebung zu großzügig.

Nun konstruieren deutsche Bischöfe und ein paar handverlesene Laienkatholiken auf Basis einer gesteuerten Studie eine Kausalität von Zölibat und Machtstrukturen für sexuellen Missbrauch. Abgeschottet vor uns Gläubigen applaudieren sie sich gegenseitig zu ihren schrägen Ideen und beanspruchen im protestantischen Treibhaus[3] das Prestige der Französischen Revolution. Auf ihrem Synodalen Weg werden sie alles infrage stellen, was dem sozialen Mainstream missfällt. Reformen sollen aus dem gesellschaftlichen Katalog implementiert werden: Eine neue Moral der Sexualität und eine Zersetzung der Hierarchien, das heißt: Demokratie genau in dem Augenblick der Geschichte, da sie ausgedient hat. Dabei behandeln die Synodalen die Kirche als sei sie Politik wie Arbeit und Soziales und nicht ihre Voraussetzung.

Sternbergs[4] Mantra von der „überwältigenden Mehrheit" hinter den Reformen besteht in Wirklichkeit aus zwei Dutzend deutscher Logen und Cartelle, die die Einheit von 1,3 Milliarden Katholiken mit den Protestanten übers Knie brechen wollen, und zwar zu ihren Lebzeiten.

Ich weiß nicht, wie es Ihnen geht, aber ich kann die ökumenischen Pärchenbilder nicht mehr sehen. Man kann doch nicht

---

[3] Das evangelische Tagungsgebäude gleicht einem Gewächshaus, aber darin scheint nichts Gutes zu gedeihen

[4] Prof. Thomas Sternberg war bis 2021 Präsident des Zentralkomitees der deutschen Katholiken

allein mit zwei süffisant grinsenden deutschen Kirchenchefs missionieren. Die neue Nähe des Milliardenunternehmens DBK[5] zum Protestantismus spätestens seit der gemeinsamen „Kreuzabnahme" von Marx[6] und Bedford-Strohm[7] 2016 auf dem Tempelberg und der einmal eingegangene Bund mit der Streichelzoomentalität moderner Säkulargesellschaften drohen die katholische Immunität gegen die westliche Kultur des Todes zu zerstören. Ideologie infiziert Kirche und Österreich ist schon angesteckt.[8] Die Hotspots sind ohnehin nicht mehr nur im deutschsprachigen Raum. In Frankreich bewirbt sich die Theologin Anne Soupa gar um das Bischofsamt von Lyon.[9] Ihr Auftreten ist repräsentativ für grauhaarige Damen, die eine zweite Karriere wollen. Und wie schon beim Zweiten Vatikanum formieren sich die Rhein-Anrainer zu Revolutionären. Wer das katholische Priestertum an sich infrage stellt, ist jedenfalls kein Reformer mehr. Denn anders als sie es darstellen, schaffen die Synodalen mit der priesterlichen Keuschheit faktisch auch das Gelübde zu Armut und Gehorsam ab, denn was die Hilde nicht will, darf ihr Hans nimmermehr.

Aufgrund der Heftigkeit der synodalen Wortbeiträge besonders mancher Laien scheint es, als entlade sich der deutsche Wunsch zum Anderssein unter einem verspäteten Millenniumsdruck. Denn zur Jahrtausendwende wären solche Giftmischer noch an Johannes Paul dem Großen gescheitert. Jetzt wird die Abwesenheit des Heiligen Geistes im Westen genutzt, um Häresie als Er-

---

[5] Das heißt nicht etwa Diktatur Bischöflicher Konvertiten, sondern Deutsche Bischofskonferenz

[6] Vorsitzender der Deutschen Bischofskonferenz bis März 2020

[7] Ratsvorsitzender der Evangelischen Kirche in Deutschland bis 2021

[8] „Erste synodale Schritte in der österreichischen Kirche", domradio.de v. 9.3.2020

[9] „Französische Theologin: Bischofsbewerbung gegen Klerikalismus", kathpress.at v. 28.5.2020

neuerung zu bewerben. Das kommt nicht von Gott. Überhaupt habe ich Schwierigkeiten damit, die synodalen Themen als Akt der Liebe wahrzunehmen, denn die neuerdings entworfene Sexualmoral scheint eher eine Lustordnung.

Der deutsche Reformprozess ist längst entschieden und Stetter-Karp[10] wie Bätzing[11] stellen erneut die deutsche Frage. Wenn Rom fällt, brauchen wir Katholiken eine Enklave, in der wir die Zeiten überstehen.

Das vorliegende Buch ist der Versuch eines Berichts über die aktuelle Situation der katholischen Kirche in Deutschland. Es will dazu beitragen, die Verlogenheit des Synodalen Wegs zu entlarven. Weil deutsche Bischöfe sich dem sozialen Zeitgeist andienen, wird in diesem Buch auch auf die einschlägigen Bereiche der westlichen Gesellschaft Bezug genommen. Anstatt die Kirche vor den sozialen Katastrophen unserer Zeit zu schützen, stoßen ausgerechnet Bischöfe und Katholiken-Präsidentinnen ihnen die Tore weit auf. Sorgen wir dafür, dass dies nicht der letzte Kampf der Kirche wird!

Das Manuskript war im Wesentlichen Anfang Juli 2021 fertig. Weil es als eines von sehr wenigen Dingen mit meiner Familie die Ahrtalkatastrophe überlebt hat, meine ich, es soll jetzt auch veröffentlicht werden.

Wenn in diesem Buch schlicht von der Kirche die Rede ist, dann ist damit die katholische gemeint.

Pro Deo et Principè
Bonn im Juli 2022

Thommy M. Schott

---

[10] Löste 2021 Sternberg als ZdK-Präsidentin ab
[11] Vorsitzender der Deutschen Bischofskonferenz seit März 2020

Bischöfliche Reformziele und Kausalität

Wenn man nur wüsste, wodurch plötzliche Ideen ausgelöst werden.[12] Auf die Idee, der Zölibat sei schuld daran, dass einige gegen ihn verstoßen, muss man erst mal kommen.

Die deutschen Reformideen Lingen 2019[13] entstanden jedenfalls 1951 in einem amerikanischen Labor.[14] Carl Djerassi entwickelte hier die chemischen Voraussetzungen für die seit 1960 marktfähige Antibaby-Pille.[15] Sexualität blieb folgenlos, Kinder wurden zum Gegenstand menschlicher Planung. Die leben sollten, blieben ungezeugt, die Bevölkerung schrumpfte. Für Katholiken erwähnenswert ist noch, dass auch die Zahl der Berufungen zurückging mit der Folge des westlichen Klostersterbens. Frauen forderten Männerrollen ein, denn ihrer eigenen entledigten sie sich. Für Frauenrechtler war die Pille der Schlüssel zur Freiheit, ein Vorläufermodell der späteren Abtreibungslegalisierung.[16] Im Schlepptau seines Triumphes folgten dem Feminismus alte und neue Minderheiten mit ihren eigenen Emanzipationsrufen: Homosexuelle, Transitionierte und weitere Formen kreativer Geschlechtlichkeit.

---

[12] Manchmal sind Pilze schuld

[13] Auf der Frühjahrsvollversammlung 2019 in Lingen beschloss die Deutsche Bischofskonferenz eine Synode, daraus wurde ein Synodaler Weg

[14] Mehr hierzu im Kapitel „Das westliche Gesellschaftskonzept"

[15] Der Entstehung der Antibabypille mangelt es nicht an Ironie. Der vor den Nazis in die USA geflohene Jude Djerassi nahm ausgerechnet die Forschungsarbeiten des Nazi-Wissenschaftlers Carl Clauberg auf und vollendete sie in der Pille. Clauberg hatte in Konzentrationslagern an Jüdinnen und deren Eierstöcken herumexperimentiert und verfolgte zusammen mit der Nazi-Größe Heinrich Himmler eine „negative Demographie" bei den Ostvölkern. Die Anzahl der Menschenleben, die die spätere Pille verhindert hat, übersteigt inzwischen um ein vielfaches die Anzahl der Opfer des Nazi-Regimes

[16] In Deutschland seit 1974

Irdische Gleichberechtigung fordert man jetzt ungefragt gar für die anderen, die ihre sexuellen Rechte dem Himmel geopfert haben und auch für die, die das gar nicht wollen, und am lautesten skandieren unsere Hirten. Und wenn die Priester ihre Lebensweise nicht freiwillig aufgeben, sollen eben selektive Mehrheiten über die Rechte der anderen entscheiden, auch in der Kirche. Weil das nur mit Demokratie[17] funktioniert, soll die gleich mit importiert werden.

Emanzipation der Politik von der Religion

Nun predigen die Synodalen Änderungen statt Evangelien. Anstatt dem Herrn zu folgen, treffen sie Mehrheitsentscheidungen. Allem voran stellen sie ihr „hohes Gut": die Emanzipation. Und da geht es nicht nur um Frau und Mann, auch der Balthasar soll sich vom Melchior emanzipieren. Die blauäugige – oder auch raffinierte – Vermischung von Rassismus und „fröhlicher Volksfrömmigkeit" (Wilhelm Warning) ist ein Synonym für ein beliebiges Durchdringen des neuen Dogma vom bösen weißen Mann. Nicht mal der schwarze Kardinal Sarah denkt so, ausgerechnet ihn würden die Synodalen aber, selbst wenn sie könnten, nicht zum Papst wählen, dafür ist er einfach zu katholisch. Die Exklusivität vom weißen Menschenhändler und schwarzen Sklaven über drei Jahrhunderte ist ganz nebenbei zu schräg, um wahr zu sein. Marie-Claude Barbier Mosimann weist nach, dass es einen ebenso bedeutenden schwarz-schwarzen Menschenhandel gegeben hat, der im Übrigen 1300 Jahre dauerte.[18] Außerdem könnte man den

---

[17] Westliche Demokratie verfügt über ein teilweise subtiles Repertoire an Überzeugungsmechanismen. Eines davon ist die Behauptung von der Macht des Volkes. Demnach sei das Volk gleichzeitig regiert und regierend.

[18] „Missions et colonialisme: le Lesotho à l`heure du bizentinaire d`Eugène Casalis", Marie-Claude Mosimann-Barbier, Editions L`Harmattan 2013

vollpigmentierten König doch, anstatt ihn zu entsorgen, zum Weihnachtsmigranten machen, dann kämen die Gesinnungsethiker auch an Heiligabend voll auf ihre Kosten.

Vergessen wir nicht die Emanzipation des Ausländers vom Inländer. Diese Emanzipationsvariante nimmt mitunter groteske Züge an, denn sie kollidiert mit der Emanzipation der Frau vom Mann: Immer mehr Frauen im christlichen Westen kommen kurz vor ihrer Menopause mit jüngeren Männern des muslimischen Nordafrika zusammen. Das westliche Bild der emanzipierten Frau geht in der zur Schau gestellten Ausländer-Inländer-Harmonie unter, sobald aus den verlobten Kavalieren verheiratete Patriarchen geworden sind, was die konvertierten Damen erst bemerken, nachdem sie geschwängert sind und ihren jungen Partnern einen sicheren Aufenthalt verschafft haben, dann aber vom Habibi[19] sitzen gelassen werden.

Gleichmachen von Ungleichem ist der Kern in der Schale des Zeitgeistes. Dieser Idee des einfach Guten als Köderideologie aller Unentschlossenen hat sich alles unterzuordnen und was nicht in dieses Muster passt, kann nicht gut sein, selbst wenn das Muster aus guten Gründen katholischer Lehre widerspricht. Angesichts des Ungehorsams gegenüber Weisungen aus Rom scheinen deutsche Bischöfe sogar ihre Emanzipation vom Papst voranzutreiben. Ihr Programm: Politik steht über Religion und wer hier nicht mitmacht, wird vom Diskurs ausgeschlossen.

Jener westliche Hirtenegoismus ist schon deshalb absurd, weil sich die westliche Demokratie mit ihrer Legalisierung von Kindstötung und Sterbehilfe im pathologischen Verfall befindet und mitnichten über dem lebensbejahenden Katholizismus stehen kann.

---

[19] Aus dem Arabischen: Liebling

Trotz dieser Bedenken erstrahlt in der Ideengeschichte der Menschheit ein neuer Meilenstein: Der Synodale Weg. Sein Sündenbock ist der zölibatäre Priester. Sie beladen ihn mit den Sünden der Welt und jagen ihn anschließend vom Hof. Das Ganze erinnert mich an die Inquisition.

Zweitausend Jahre gehorchten die Apostel den Befehlen des Meisters, bis zur Vollversammlung der deutschen Bischöfe in Lingen im Frühjahr 2019. Hier beschlossen sie den Synodalen Weg. Nicht Mission und Neuevangelisierung[20] sind ihre Themen, sondern Reformen. Nur eine einzige Sekunde habe ich an die Möglichkeit gedacht, die zahlreichen Wandlungen, die einige Reformfundis in ihrer eigenen Biografie durchlebt haben[21], seien ursächlich für ihre Ziele geworden, nur, um diesen abscheulichen Gedanken sofort wieder zu verwerfen. Gemeinheit würde man mir vorwerfen, eine Eigenschaft, die jedes Menschenherz kennt, aber die man nur anwenden sollte, wenn einem gar nichts anderes mehr einfällt, um ein größeres Ziel zu erreichen. Ist dann Langeweile der Funke ihrer Ideen, weil ihnen niemand mehr zuhört? Nein, bei nüchterner Betrachtung fällt mir dann auf: Die Synodalen sprechen die scheinbare Logik übertragbarer Sinneserfahrungen an. Was gesellschaftlich gutgeheißen wird, muss auch für die Kirche gut genug sein. Ohne weiteres Nachdenken erfährt diese Strategie viel Zustimmung. Mit Nachdenken allerdings nicht so viel. Unzählige Reformen hat der Katholizismus erfahren. Sie alle hatten ihre Wurzeln in der Heiligen Schrift oder der Tradition. Wo aber ist der biblische Ursprung für die neue Sexualmoral, für Frauenordination, Priesterehe und Demokratie? Allein das protestantische Profil ist unverkennbar, es hält mit Hilfe von

---

[20] Das hatte der Papst 2019 angeregt

[21] Siehe Fußnoten in diesem Buch „Synodale Wandlung" eins bis sechs

humanistisch geprägten Vermittlungstheologen Einzug in das Katholische. Vom Äther verwirrt, verlassen sie sich darauf, dass die Bibelsprache metaphorisch ist.[22] Ein solches Denksystem besteht in letzter Konsequenz aus einem Anspruchsberechtigten und einem Anspruchsverpflichteten. Aber wer soll hier zur Spende des Weihesakraments verpflichtet werden? Der Papst, der Bischof, Gott? Der männliche Priesterkandidat jedenfalls hatte nie einen Anspruch, er folgt dem Ruf, der Gnade und der Prüfung. Jetzt soll die Quote den göttlichen Plan durchkreuzen.

Papst Franziskus erhob Maria Magdalena zur Apostelin der Apostel und das ist gerechtfertigt schon angesichts ihres Mutes, das Grab aufzusuchen, während die männlichen Apostel noch zweifeln. Die päpstliche Erhebung zur Apostelin ehrenhalber ist aber etwas anderes als die Berufung durch Jesus Christus.

Ehrlicher, aber viel zu kurz gedacht ist da die These des Pallottiner-Vize Michael Pfenning, er sagt, ihm sei es theologisch zu wenig, wenn man den Ausschluss der Frau von der Priesterweihe damit begründe, Jesus habe nur Männer zu Aposteln berufen.[23] Ihm genügt allerdings als Argument, dass Frauen in Scharen aus der Kirche austräten und folgert „Gott will mit seiner Kirche einen neuen Weg gehen".[24] Will Er das? Sprachliche Determination verändert. Für Pfenning sind gegenwärtige Kirchenaustritte von Frauen somit eine tiefere Begründung für als es die Auswahl der Apostel gegen die Frauenordination ist. Als Theologe unterwirft er sich dem Zeitgeist.

---

[22] Wie oft noch muss die Archäologie den Gegenbeweis für diese Ungläubigen führen?

[23] Warum er das tat, wissen wir nicht, seine zukunftsweisenden Taten sind unseren Vermutungen stets weit voraus, aber es könnte mit ihrer Rolle beim Sündenfall zu tun haben

[24] „Pallottinerpater Pfenning: Man muss das Priesteramt für Frauen öffnen", augsburger-allgemeine.de v. 14.7.2020

Teilweise versuchen Synodale, ihre Forderungen biblisch zu begründen, greifen auf „die Apostelin Junia"[25] zurück[26], ein Name, der nicht mal Luther dazu verführte, von einer Frau zu sprechen, weil es sich um eine Deklination des Männernamens Junias handelt und die Bezeichnung als Apostel überdies natürlich nicht im Sinne der Zwölf zu verstehen ist, die Jesus zu seinen Lebzeiten gefolgt sind. Mit der Apostel-Bezeichnung ehrte Paulus lediglich die herausragende Stellung des Junias, der sich bereits vor ihm zu Christus bekannte.

Warum Reformen?

Deutsche Bischöfe – aber nicht alle – wollen die Kirche reformieren, um Ausgetretene zurückzuholen.[27] Warum sie das wollen, rechtfertigen sie nicht, sondern gehen in einem verschwiegenen Automatismus davon aus, dass eine größere Zahl zu einer höheren Wahrheit ihrer Reformen führe. Ich frage mich, warum sie nicht mit denen weitermachen, die noch da sind. Schließlich bedeuten mehr Mitglieder nicht mehr Wahrheit. Wenn die Kirche jedem entgegenkommt, damit er zurückkehrt, verliert sie die Treuesten und vor allem ihre Identität. Gleichzeitig wird sie erpressbar.

Wir sehen uns in sechs Austrittswellen an, wie erfolgversprechend die Aussicht des Zurückholens ist.

Ausgehend von der Volljährigkeit als Austrittsvoraussetzung bei der ersten Austrittswelle Ende der Neunzehnhundertsechziger sind die Ältesten heute mindestens Ende 80. Das sind

---

[25] Röm 16, 7

[26] „Katholische Frauen fordern Aufnahme Junias in den Heiligenkalender", domradio.de v. 19.10.2020

[27] Den Missbrauch können sie mit allen Veränderungen dieser Welt nicht ungeschehen machen, deshalb wird er an anderer Stelle diskutiert

teils Gläubige, die die Kirche damals schon für veraltet hielten, teils solche, die aus Protest gegen die Moderne des Zweiten Vatikanum austraten und solche, die als Atheisten aus dem II. Weltkrieg zurückkehrten, also schon mal drei Gruppen.

Gruppe eins: Die Heimkehrer. Sie sind tot oder so alt, dass sie sich mit ihrem Kirchenaustritt ein für alle Mal abgefunden haben, allenfalls bekommen sie die Krankensalbung.

Gruppe zwei: Die sogenannten 68-er. Das sind die Kriegskinder und bis 1959 geborenen. Sie saßen später im Establishment der Wirtschaft, bei Behörden und Gerichten und sind jetzt verrentet. Sie haben ihr Leben ohne Kirche verbracht, wenn auch mitnichten als Reformer, denn sie mussten arbeiten. Ist das das Rückkehrpotenzial der Reformer? Die Hoffnung stirbt zuletzt.

Gruppe drei: Sie sind die Kinder der Kriegskinder und haben das Zweite Vatikanum miterlebt oder sind in dieser Zeit oder etwas später geboren. Auch, wenn sie sich ausweislich der geringen Zahl ihrer Nachkommen[28] nicht an die katholische Sexualmoral, insbesondere an die Pillenenzyklika Paul VI[29] hielten, war ihnen der Modernismus eines Edward Schillebeeckx mit seiner Transsignifikationslehre[30] und seinem Unglauben an die Unbefleckte Empfängnis Mariens einfach zu viel Fake-Katholizismus. Dass diese Gläubigen ausgerechnet dann zurückkommen, wenn erneut die schillernde Moderne in die Kirche einzieht, ist nun wirklich vollkommen daneben. Die meisten Nachkommen dieser Gruppe sind mindestens in der

---

[28] Sie haben ihre Kinder in der Regel in den Achtziger und Neunziger Jahren bekommen, da lag die Geburtenrate bei unter 1,5

[29] Enzyklika Humanae vitae

[30] Die Wandlung bei der Eucharistie soll demnach keine objektive Wesenswandlung, sondern nur eine subjektive sein, das heißt, die Realpräsenz geschehe nur bei Anwesenheit von daran glaubenden Gläubigen

zweiten Generation konfessionslos, wehe ihnen, wenn die Synodisten es jetzt schaffen, sie in modrigem Wasser zu taufen.

Gruppe vier: Die Steuerflüchtigen ab 1990. Wem der Mammon wichtiger ist als die barmherzigen Werke der Kirche, die sie von seinen Steuern finanziert, der kommt auch nicht für den Segen einer Homoehe zurück oder investiert schmerzfrei in Regenbogenprojekte.

Gruppe fünf: Die Ostdeutschen nach der Wende. Die Austrittskurve war bis dato nie so hoch wie kurz nach der Wiedervereinigung. Die Zahl gibt allerdings nicht die tatsächliche Zahl derer wieder, die der Kirche erst jetzt den Rücken kehrten. Katholiken in Deutschlands Osten waren seit Jahrhunderten in der Minderzahl. Die Preußen wurden protestantisch, sobald Luther auf den Plan trat. Auch die übrigen ostdeutschen Regionen waren weit überwiegend nichtkatholisch geprägt, außer entlang der Oder wie Breslau. Die deutschen Kirchen-Statistiken wurden bis 1989 nur für Westdeutschland geführt. Nach der Wiedervereinigung wurden die Deutschen aus den neuen Bundesländern, die katholisch getauft waren, aber bereits in der DDR ausgetreten waren, erneut als Austretende registriert, um die nunmehr gesamtdeutsche Statistik zu bereinigen. Da mit einem Mal also sowohl die in den alten als auch die in den neuen Bundesländern Austretenden und schon Ausgetretenen gezählt wurden, ging die Austrittskurve direkt nach der Wiedervereinigung durch die Decke. Wie wahrscheinlich ist eine Rückkehr dieser Menschen, die teils schon Jahrzehnte oder in zweiter Generation ganz selbstverständlich ohne Glauben leben, in eine reformierte Katholische Kirche?

Gruppe sechs: Missbrauchsschockierte oder neue Steuerflüchtige. Es ist schwer, etwas Furchtbareres in der Kirchengeschichte aufzuspüren als den sexuellen Missbrauch. Hier aber geht es um etwas anderes. Es wird noch an anderer Stelle diskutiert, dass der Missbrauch nicht wesentlich kausal für alle Austritte nach 2010 gewesen sein kann, da die evangelische Kirche, die keinen Zölibat und keine Missbrauchsstudie beauftragt hat, denselben Kurvenverlauf in der Austrittsgrafik aufweist wie die katholische. Deshalb ist äußerst zweifelhaft, ob es überhaupt eine beachtliche Zahl austretender Gläubige infolge des Missbrauchsskandals gibt oder ob nicht ganz andere Gründe wie die Ankündigung der Besteuerung von Zinserträgen auch zugunsten der Kirchensteuer – für beide großen Konfessionen – ursächlich für die vielen Austritte nach 2010 war. Wenn aber die vielen Gläubigen nicht des Missbrauchs wegen ausgetreten sind, kann man sie auch nicht mit Maßnahmen zur Verhinderung künftigen Missbrauchs zurückholen. Nie haben die Synodalen nach dem Lingener Frühjahrsbeschluss 2019 zum Abhalten eines Synodalen Weges auch nur überlegt, dass die Rekordaustrittszahl 270.000 bei den Katholiken im selben Jahr auf das Unverständnis der Gläubigen mit diesem Reformweg in Verbindung gebracht werden kann.[31] Anstatt der Realität ins Auge zu schauen, winden sich die Reformbischöfe wie der Hildesheimer Heiner Wilmer abermals: Die Menschen haderten „damit, dass innerkirchliche Reformen aus ihrer Sicht nicht schnell genug passierten".[32] Das Kuriosum hieße dann: Hunderttausende warteten 2019 nur auf den Synodalbeschluss, um genau in dem Moment auszutreten, da er getroffen wird. Sankt Absurdus, bitte hol den Bischof zurück in die Realität!

Unabhängig von weltlichen Austrittsursachen ist eine ungewisse Zahl unter den Ausgetretenen, die einfach nicht gläubig sind[33] oder Religion als Markt mit Angebot und Nachfrage

---

[31] In 2021, während laufenden Synodalen Weges, wurde der Rekord nochmals um rd. 90.000 übertroffen: 359.338

[32] „Die Sendung der Kirche ist ein Skandal", cna.com v. 27.6.2020

[33] Die Frage des Meinungsforschungsinstituts Insa Consulere v. April 2021 „Für mein spirituelles Leben empfinde ich die Kirche als Bereicherung"

betrachten, aus dem sie sich die mit den bequemsten Ritualen aussuchen und das ist zweifellos nicht der Katholizismus. Sie werden auch ihre Kinder und Kindeskinder nicht an den Glauben heranführen, die deshalb nur durch das Wirken des Heiligen Geistes, aber nicht des Zeitgeistes zum katholischen Glauben kommen können.

Priestermangel. Priestermangel?

Dann ist da noch das Argument des Priestermangels als Triebkraft für Reformen.

In filmreifer Dramaturgie warnte der ZdK-Präsident a.D. Sternberg unaufhörlich vor einem angeblich katastrophalen Priestermangel.[34] Er soll mit dem Zölibat zu tun haben, denn der sei außer am Missbrauch auch noch daran schuld. Er trifft zwar nicht die Wahrheit, aber den Nerv des Westens. Keuschheit ist Entbehrung und für Wohlständler schlicht inakzeptabel. Aber leidet die protestantische Kirche trotz der Pfarrerehe nicht genauso unter Pfarrermangel?

Doch gibt es diesen Priestermangel überhaupt? Und wenn nicht, wem nützt der erfundene Notstand? Schauen wir mal genauer hin.

Von den 414.582 Priestern der Weltkirche wirken 173.611 in Europa[35] und 13.285 in Deutschland. In Deutschland kommt somit 1 Priester auf 1.731 Katholiken[36], fast jeder zweite Pries-

---

bejahten nur 15 % der befragten Deutschen, „Noch viel Luft nach oben", domradio.de v. 15.4.2021

[34] „Sternberg warnt vor `katastrophalem Ausmaß` von Priestermangel", kirche-und-leben.de v. 5.5.2018

[35] Bei 285 Millionen Katholiken, statista.com aus 2018

[36] Alle Zahlen aus 2018

ter weltweit ist in Europa, aber nur jeder fünfte Katholik. Im weltweiten Vergleich ergibt sich daraus kein Priestermangel.

Maßgeblich für die Frage des Priesternotstands ist natürlich nicht die absolute Priesteranzahl, denn ein Priester ist nicht für sich selbst da. Auch die Anzahl der Priester auf die absolute Zahl der registrierten Gläubigen ist keine Koordinate, die Über- oder Unterversorgung indizieren kann. Maßgebend ist die Frage, ob der Bedarf an sakramentaler Versorgung durch das Angebot an priesterlicher Seelsorge befriedigt werden kann. Während 1950 noch knapp unter 50% aller Katholiken den Sonntagsgottesdienst besuchten, waren es 2010 nur noch knapp 12% und in 2019 noch 9,1%.

Wer dauerhaft den Sakramenten fernbleibt, braucht keinen Priester. Demzufolge muss die Anzahl der Priester zu der Anzahl der Eucharistiebesucher in Bezug gesetzt werden. Kurz: Es geht um die Zahl der Gläubigen, die von einem Priester mit dem Sakrament der Kommunion versorgt werden, da sind natürlich auch die Sonntagskatholiken eingeschlossen. Indikator für Priestermangel ist demzufolge ein Absinken des aktiven Priesteranteils zum Anteil der aktiven Gläubigen. Coelibatus. info hat hierfür die Zahlen der DBK herangezogen. Daraus ergibt sich:

Während im Jahr 1950 siebenhundert Gottesdienstbesucher von einem Priester kommuniziert wurden, sind es im Jahr 2015 nur noch 310. Ein Priester hat heute also weniger als die Hälfte der Gläubigen zu versorgen, die sein Kollege vor 65 Jahren hatte.[37] Die gleiche Halbierung trat bei der sakramentalen Versorgung mit Firmung und Ehe ein.

Ergebnis: Statt Priestermangel haben wir einen Priesterüberschuss.

---

[37] Priestermangel – ein Faktencheck, coelibatus.info, Druckdatum 27.4.2020

Sternbergs Priestermangel „katastrophalen Ausmaßes" ist ein Mythos, nicht nur das Ausmaß, schon die Tatsache scheint erstunken und erlogen, ein eiskalter Verrat an 23 Millionen Gläubigen. Verloren gegangenes Vertrauen zurückgewinnen mit den schmutzigen Tricks á la Politbüro, das kann nicht gut gehen.

Tatsache ist, dass es an Donau, Main und Rhein weder bei der Anzahl noch bei der Lebensform der Priester brennt.

Interessant ist hier ein Vergleich mit den evangelischen Gottesdienstbesuchern: 3,2% in 2018, mithin nur ein Drittel der Zahlen bei den Katholiken. Zölibatfreiheit scheint keinerlei Anziehungskraft zu haben.

Keuschheitsverzicht würde vielleicht kurzfristig mehr Pastorenbewerber hervorbringen, jedenfalls in Deutschland, schon wegen des Einstiegsgehaltes von rd. € 3.400,00. Und hier entfaltet das deutsche Priesterbezahlsystem seine Einzigartigkeit: Während Apostaten[38] in allen anderen Systemen vor die Tür gesetzt werden, honoriert die Kirche von Reformers Gnaden ab der persönlichen Wandlung des Reformers nicht länger seine Treue zur Lehre, sondern die Abweichung von ihr. Synodal halt.

Konsens mit dem Zeitgeist

Die Ziele der Reformer sind laut Art. 8 der Satzung des Synodalen Weges:

- die Priesterehe
- die Frauenordination
- eine neue Sexualmoral und
- die Einführung der Demokratie in die Kirche.

---

[38] Trotz der Wortnähe ist der Apostat das Gegenteil von Apostel: Er ist vom rechten Glauben abgefallen

Alle vier Ziele haben gemein, dass sie auf größtmöglichen Konsens mit dem sozialen Mainstream angelegt[39] und der Maslowschen Bedürfnispyramide entnommen sind: Aus den Bedürfnissen Sexualität und Teilhabe werden Priesterehe und Frauenordination hergeleitet. Dabei steht Sexualität wie Essen, Trinken und Schlafen als Grundbedürfnis an erster Stelle. Maslow (1908 – 1970) war stark humanistisch geprägt und ging von einer naturgegebenen Prägung des Menschen aus, die er ausleben müsse, um nicht zu erkranken. Spiritualität hatte keinen Platz in seiner Pyramide. Fünfzig Jahre nach seinem Tod erlebt seine Theorie eine Wiedergeburt, ausgerechnet durch katholische Bischöfe. Sie frönen einer Weltanschauung. Und nichts davon ist wirklich neu.

Veränderung auf Wiedervorlage

Bereits Ende des 19. Jahrhundert hatte Canon Roca von der Verehrung Jesu durch eine neue Menschheit gesprochen. Er meinte eine humanistische und wollte auch eine neue Kirche, neue Rituale und eine neue, nichtzölibatäre Priesterschaft. Nach seiner Vorstellung sollte die Koexistenz von verheirateten und nichtverheirateten Priestern nur eine Übergangsphase sein. Unter dem Pseudonym „Dr. Alta" argumentierte der Abbè Melinge 1907 darauf, man müsse vorher auf einem Ökumenischen Konzil dafür sorgen, dass die Lehre Jesu entsprechend korrigiert werde. Zu seinem Programm gehörten auch die Bezugnahme auf die Esoterik, der Widerstand gegen die Strukturen der Kirche, die Ersetzung des römischen Papsttums durch ein pluri-konfessionales Pontifikat, das die Öku-

---

[39] Damit ist noch kein Wort über die Übereinstimmung mit Ethik gefallen. Die Frage nach dem Guten aus der aristotelischen Ethik scheinen sich die Reformer jedenfalls nicht zu stellen oder sie ignorieren sie, um den Konsens nicht zu gefährden

mene auch in ihre Struktur aufnähme.[40] Das alles sollte die Kirche ihres übernatürlichen Charakters berauben und den Weg zu einer universalen Standardreligion ebnen. Die Parallelen über die Freimaurer zu den Synodalen sind unverkennbar.

Synodale glauben, sie hätten dann die tiefsten Einblicke, wenn sie an den grundlegendsten Fundamenten der Kirche zweifeln. Ihren Anfang nahm die synodale Reise jedoch nicht in Deutschland, sondern in der Schweiz.

Freundschaftliche Suchbewegung

Seit Mitte der Neunzehnhundertneunziger trafen sich ein paar reformfiebrige Oberhirten regelmäßig im Januar bei Ivo Fürer, Bischof von Sankt Gallen, Schweiz. Darunter war auch der deutsche Kardinal Karl Lehmann, der ehemalige DBK-Vorsitzende, der sich Johannes Paul in der Frage der Schwangerschaftskonfliktberatung über Jahre widersetzte. Seine Position warf lange Schatten auf spätere Berufungen von Bischöfen, die jetzt den Synodalen Weg initiieren. Alois Kothgasser, Erzbischof von Salzburg und selbst Teilnehmer, bezeichnete die Gruppe als „freundschaftliche Suchbewegung". Bereits im Zweitausendfünfer-Konklave versuchten sie einen Reformer auf den Stuhl Petri zu hieven.[41] Auf der römischen Familiensynode 2015 suchten sie nach Durchsetzung einer anderen Sexualmoral. Heute weht der Sankt Galler Wind durch viele Fluren im Vatikan.

---

[40] „Vatican II Exposed by a Participant", Third in a Series, salvemariaregina. info

[41] „Deutsche Kardinäle in `Mafia-Skandal` verstrickt?", bild.de v. 2.10.2015

Ich reformiere – also bin ich![42] So werden sie sich fühlen, die Synodalen, die alles in Zweifel ziehen wie Renè Descartes und auf den Trümmern etwas neues, großes aufbauen wollen und erst dabei ihre irdische Existenz wahrnehmen können.

Ihre Reform-Methode ist Emotion statt Sachlichkeit: „Den armen Priestern platzen noch die Hoden" (Zölibatsabschaffung), „die fleißigen Frauen müssen endlich mit dem Priesterinnenamt belohnt werden"[43] (Frauenordination), „die arme Jugend versteht das Verhütungsverbot nicht mehr" (Neue Sexualmoral) und „die absolutistischen Bischöfe haben unumschränkte Macht" (Demokratie). Wie Galgenmänner bedienen sich die Reformer moderner Folklore. Ein wahrer Tugendterror der Synodalen, schlimmer als der Stalinismus, denn in väterlichen Worten[44] tarnen sie ihre wahren Absichten als gutmütige Heilsbringer. Wer ein solches Horrorszenario von der Kirche behauptet, damit er selbst als ihr Retter dasteht, begehrt wohl auch die geistige Führerschaft, in dem Fall als Gruppe deutscher Reform-Bischöfe über die universale Kirche.

Wenn Sie das Gefühl haben, das sei unsere Kirche, dann retten Sie sich bitte, und treten Sie aus! Wenn nicht, schütteln Sie sich und lesen weiter.

Es gibt eine Kurzgeschichte, deren Protagonist als Eigenbrötler abseits der Realität lebt und in seiner völligen Isoliertheit von der Welt den Fernseher erfindet. Als er seine Errungenschaft stolzgeschwellt publik macht, gibt es den Fernseher schon seit

---

[42] Anlehnung an cogito ergo sum – ich denke, also bin ich, ein Satz des französischen Philosophen Renè Descartes 1596-1650

[43] Jedoch ist die Weihe ein „unverdientes Geschenk", nicht Verdienst oder Belohnung, Katechismus der katholischen Kirche 1578, 5

[44] Die stalinistische Propaganda ließ in der Sowjetunion anstelle des Diktators, der er war, die rhetorische Figur vom „Väterchen" verbreiten

Jahrzehnten. Die Frage ist also: Warum konvertieren diese deutschen Bischöfe nicht einfach zum Protestantismus, den es schon gibt anstatt wie Hyänen dem Löwen das Fleisch zu rauben? Die Antwort ist: Weil sie mit ihrem Synodalen Weg einen Protestantismus+ im Katholischen vollenden wollen.

Je mehr Reformen gefordert werden, desto mehr erscheint die wahre Kirche als Hort der Verbotsmoral, man baut viel Sprengstoff auf, um am Ende wohlwollend zu entschärfen.

Reformziel eins: Priesterehe

„Es ist nicht ganz leicht, heute von Keuschheit zu reden. Gar die Glorie um das sogenannte Gelübde der Keuschheit und um jene, die sich daran binden, ist in unserer Zeit reichlich verblasst. Man erregt mehr Anstoß als Bewunderung damit und jedenfalls nicht eben viel Nachfolge".

Diese Worte stammen von der Benediktinerin Corona Bamberg kurz nach dem Zweiten Vatikanum[45] und sind offensichtlich nach wie vor aktuell. Die Benediktinerin verrichtete ihren Dienst in der Abtei Herstelle in Westfalen, nicht weit von Geseke, dem Geburtsort des Reinhard Marx und gehörte wie dieser zum Erzbistum Paderborn.

Mehr als ein halbes Jahrhundert später ist aus Marx ein Kardinal der römischen Kirche geworden, dem ich diese Worte der benachbarten Benediktinerin entgegenhalte. Im Tausch gegen eine Priester-Wellness will er den Zölibat abschaffen.[46] Der

---

[45] Dienst und Zeugnis, Alfons Fehringer (Hrsg.), Friedberg 1967, S. 67

[46] Marx würde mir widersprechen: er plädiere für eine freiwillige Enthaltsamkeit. Aber genau das ist kein Zölibat, wenn die Enthaltsamkeit nicht für den Stand, sondern für das Individuum gilt, das sich ihm freiwillig hingibt und dann jederzeit wieder darüber disponieren kann

Zölibat der Ordensleute ist weniger synodaler Diskussionsgegenstand als der priesterliche. Der Grund blieb bisher unbenannt, aber wenn man untätig gegen das Sterben der Klöster bleibt, muss man sich keine Gedanken mehr über das Sexualleben ihrer Bewohner machen. Oder ist das Klosterleben den Reformern schlicht fremd, so kontemplativ, absichtslos, umsonst?

Zölibat als Begriff wird vom lateinischen *coelibatus* oder *caelibatus* mit „ehelos" hergeleitet. Die Herleitung von *coeli beatus* – der „himmlisch Beglückte" von Jerome Lejeune[47] ist vielleicht nicht richtiger, aber katholischer. Das erste passt besser zu den Aposteln, von denen einige verheiratet waren, aber enthaltsam lebten, seit sie Jesus folgten.[48]

Zölibat steht in engem Zusammenhang mit Berufung. Die ersten Christen in der zweitausendjährigen Geschichte der Kirche waren Laien und die Frage war, wer Priester werden sollte. Aus den jüdischen Verhältnissen konnte man nicht schöpfen, da dort nur Priester werden konnte, wer aus einer Priesterfamilie stammte, das Amt war erblich. Damit liegt schon nahe, dass der alttestamentliche Priester nicht lebenslang keusch sein musste. Weil aber nun „das tägliche Brot" gespendet wurde und damit nicht nur der Bauch, sondern auch die Seele am besten täglich gespeist wurde, musste die Enthaltsamkeit der brotspendenden Priester dementsprechend dauerhaft sein. Aus dem Heidenchristentum wurde der Episkopos akquiriert, aus dem Judenchristentum der Presbyteros und allgemein der Apostel. Daraus entwickelte sich die Kernhierarchie Bischof, Priester und Diakon, wobei das Diakonat wegen der Überlastung der Apostel[49] geschaffen wurde.

---

[47] Coelibatus.info, Druckdatum 27.4.2020

[48] Eine andere Auffassung beruft sich auf 1Kor 9, 5

[49] Den Aposteln oblag zunächst die Verkündigung, das Gebet und die Armenspeisung

Durch die besondere Ausgestaltung des Letzten Abendmahls setzt Jesus einen neuen Kult, er nimmt seine Kreuzigung und seine Auferstehung vorweg, gibt sich als Opfer hin und steht selbst als neuer Hohepriester da.[50] Die nachfolgenden Priester des Neuen Bundes erbten ihre Berufung nicht wie im Alten Bund vom Vater, sie wurden als Berufene erkannt. Berufung war Voraussetzung. Berufung zu erkennen ist naturgemäß schwieriger als kurzerhand den Sohn des alten Priesters zum neuen zu weihen. Vom Beginn des Neuen Bundes an lebt die Kirche mit dem Problem des Erkennens: Wo kommen die Berufungen her? Die Antwort liegt im Vertrauen auf den Heiligen Geist, zum Beispiel im Gebet.

Gegen den Zölibat wird von Reformern teilweise ins Feld geführt, er habe mit zum Missbrauch beigetragen, denn unter den Missbrauchstätern seien laut MHG-Missbrauchsstudie fünf Mal mehr Priester als Diakone. Diakone leben nicht zölibatär, es sei denn, sie sind bei ihrer Diakonenweihe unverheiratet, in dem Fall legen sie das Zölibatsgelübde ab. Das Missverhältnis in der Täterstatistik ist jedoch schnell erklärt: Wir haben vier Mal so viele Priester wie Diakone![51] Der postkonziliare Denkhorizont deutscher Reformer schämt sich nicht, in seiner Argumentenverknappung auch solche Milchmädchenrechnungen aufzustellen. Wenn man dazu das undurchsichtige Zahlenmaterial berücksichtigt, das die Studienautoren selbst kritisierten, besteht überhaupt kein auffälliges Missverhältnis mehr.

Der Zölibat – das ist meist nicht die Liebe auf den ersten Blick. Menschliche und sexuelle Reife sowie das permanente Sich-Prüfen sind Voraussetzungen für den unbedingten Wil-

[50] Benedikt XVI, „Aus der Tiefe des Herzens", S. 32 f.
[51] Laut dbk.de, Zahlen und Fakten 2018/19, S. 76 f.: 3.327 Diakone gegenüber 13.285 Priestern

len, sich ganz Jesus zu schenken. Aber warum eigentlich das Ganze? „Der rechte Hirte, so sagt er (i.e.: Gregor der Große) uns, muss in der Kontemplation verankert sein. Denn nur so ist ihm möglich, die Nöte der anderen in sein Innerstes aufzunehmen, so dass sie die seinen werden …".[52] Im Sakrament der Priesterweihe bindet sich der Kandidat endgültig im Himmel, ein Strecken nach der Ewigkeit im Gegenzug für das Alleinsein. Deshalb ist die Kehrseite dieser Bindung die Freiheit. Frei sein für die Gläubigen, sich ihnen ohne Rücksicht auf die etwa widerstrebenden Interessen der Ehefrau widmen zu können.

Trotz dieser menschlichen Begründung ist der Zölibat im Wesen eine göttliche Bestimmung für seine Priester, die ER erst zu solchen weiht. Durch den Verzicht, seine Sexualität zu leben, schenkt der Priester seine eigene Fruchtbarkeit Gottvater, um sich ganz den anderen hinwenden zu können. Und Gott will durch diese Menschen in besonderer Weise für alle da sein. So wie durch seinen Sohn, der ehelos lebte. Es wird klar, dass das ein enormes Opfer verlangt, denn der Verzicht gilt lebenslang, seitdem sich bereits im frühesten Christentum die tägliche Eucharistie[53] herausbildete[54], weshalb eine nur zeitweise Enthaltsamkeit wie im Judentum nicht mehr hinlangte.

Von der unbefleckten Empfängnis über die Jungfrauengeburt und das enthaltsame Leben Jesu selbst bis zu unseren Ordensleuten und Priestern wirkt die Keuschheit.

Der Zölibat hat mit Demut und Selbstverleugnung zu tun und ist unserem gegenwärtigen Gesellschaftskonzept völlig fremd,

---

[52] Deus Caritas Est, Ziff. 7, Enzyklika Benedikt XVI v. Dezember 2005

[53] „Unser tägliches Brot gib uns heute" ist das Brot für den Magen und für die Seele

[54] Benedikt XVI, „Aus der Tiefe des Herzens", S. 39

wo es stets um Triebbefriedigung und Emanzipation geht[55], aber wenig um Ehe und Familie. Unser Rechtsstaat konkretisiert diesen Zusammenhang von Sexualität und Gleichberechtigung, allerdings etwas schräg. In diesem Sinne ist die Ablehnung von homosexuellen Mietinteressenten durch den Hausbesitzer gesetzlich unzulässig, seine Ablehnung von kinderreichen Familien aber legal.[56]

Die völlige priesterliche Hingabe ist dem Idealbild der Ehe sehr ähnlich, dem Single-Dasein jedoch nur äußerlich gleich. Bei letzterem wird die Bindung ja gerade vermieden. Es sieht nach alledem so aus, als gehe es den Reformern gerade nicht um Entlastung der schon Geweihten von einer schweren Bürde, sondern um die, die Zugang zum Priesteramt begehren, ohne enthaltsam leben zu wollen, vielleicht sogar, ohne sich ewig zu binden. Von Priestern auf Zeit ist bereits die Rede.[57]

Fragen Sie sich nicht, warum die Emanzipationsnomaden in den Treibsand des Synodalen Wegs einziehen, um jede Lebensform als berechtigt durchzusetzen, aber einzig gegen die zölibatäre ins

---

[55] Dabei ist Enthaltsamkeit in der Kirche kein männliches Privileg. Jungfrauengemeinschaften direkt im Anschluss an die apostolische Zeit waren die Vorläufer der monastischen Frauenorden und machten es ihren männlichen Kollegen vor, vgl. Dienst und Zeugnis, Bd. 4, Alfons Fehringer, S. 51, Pallotti-Verlag 1966. Männliche Einsiedler gründeten erst etwas später Gemeinschaften, die durch Antonius den Großen, einen Ägypter (251-356), zum Prototyp monastischer Orden wurden, wenn auch Basilius größtenteils als ihr eigentlicher Gründer gilt und erst Augustinus (gest. 430) gilt als Begründer nordafrikanischen Klosterlebens. Der Einfluss des heiligen Benedikt von Nursia im 6. Jahrhundert mit seinen Regeln ora et labora war für den Westen jedoch so prägend, dass die monastischen Orden des Abendlandes sowohl orientalischen als auch okzidentalischen Ursprungs sind

[56] Gem. § 19 Allgemeines Gleichberechtigungsgesetz kann ein Mieter, der mehr als 50 Wohnungen vermietet, Mietinteressenten nicht wegen ihrer sexuellen Orientierung abweisen, kinderreiche Familien sind dagegen nicht privilegiert

[57] „Priester auf Zeit?", domradio.de v. 13.10.2019

Feld ziehen? Singleleben in der Gesellschaft soll selbstverständlich sein, in der Kirche aber nicht? Außerhalb der Kirche ist ja gerade das Single-Dasein Spiegel der westlichen Bindungsunfähigkeit. Als *agent provocateur*[58] lockt der Reformer den zölibatären Priester in die Falle der Freiwilligkeit.

Nachdem DBK und ZdK ihre Radikalsten laut nach der Abschaffung des Zölibats hatten rufen lassen, resümierte Marx nach der ersten Sitzungsperiode Anfang 2020, eine Abschaffung des Zölibats sei mit ihm nicht zu machen. Diese aus Betriebsratsverhandlungen bekannte Good-Guy-Bad-Guy-Strategie bereitete den Weg zur Synodenfortsetzung im September desselben Jahres, denn dahinter steckte offenbar der Gedanke, die abzuholen, die bisher überhaupt keine Meinung hatten, jetzt aber in der Marxschen Auffassung vom Freiwilligenzölibat den vernünftigen Mittelweg sehen, denn Kompromiss ist stets das demokratische Angebot an die Opposition. Dass ein freiwilliger Zölibat kein Zölibat und das gemeinsame Sich-Gott-Schenken dahin ist, scheint einem oberflächlichen Hinsehen unzugänglich.

Priesterehe und Pflichtzölibat schließen sich aus. Freiwilligkeit und Zölibat schließen sich aus. Dazwischen liegt kein Kompromiss, denn katholisches Priestertum ist zölibatär. Was bleibt, ist die Wahl zwischen Katholischem oder nichts. Da die apostolische Sukzession die ununterbrochene Weitergabe der Priesterweihe ist, würde diese Voraussetzung bei den nicht-zölibatären Priestern nicht mehr erfüllt. Die Einwendung, orientalische Priester seien verheiratet[59], spricht gerade nicht dagegen, denn sie sind nicht das regelmäßige Leitbild des Priesters, sondern die geduldete Ausnahme.

---

[58] Lockspitzel

[59] Kann ebenso für konvertierte ehemals anglikanische Priester gelten

„Heute drängt sich dagegen sofort der Einwand auf, dass es sich dabei um eine negative Einschätzung des Leibes und der Sexualität handle … Eine solche Diagnose ist schon deshalb falsch, weil in der Kirche die Ehe von Anfang an als eine von Gott im Paradies geschenkte Gabe betrachtet wurde. Aber sie nahm den Menschen als Ganzes in Anspruch und der Dienst für den Herrn beanspruchte ebenfalls den Menschen ganz, sodass beide Berufungen zugleich nicht realisierbar erschienen …“.[60]

Immerhin besteht die Besorgnis, dass die Gläubigen eine Einteilung in Priester erster und zweiter Klasse vornähmen. Denn die Gläubigen werden denen folgen, die bereit sind zu leben wie der Herr. Dann wäre mit der Weihe von heiratswilligen oder verheirateten Priestern nichts gewonnen: „Eine geringere Zahl von Priestern, die dafür dieses leuchtende Lebenszeugnis geben, wird deshalb mit größerer apostolischer Fruchtbarkeit wirken (als eine größere Zahl anderer)“.[61]

Es ist auch die Frage, ob ein freiwilliger Zölibat gleichsam für Bischöfe und Päpste gälte. Ein nicht enthaltsamer Papst könnte für seine Pontifexchen die Erblichkeit des Papstthrones begehren[62] und sich für die Legitimation seiner Dynastie auf die Parallele zur Erblichkeit des Davidthrons berufen. Wäre das im Sinne der Synodalen, deren demokratischer Vorstellung ein päpstliches Rotationsprinzip eher entgegenkäme? Könnten andererseits als Ausnahme von der Zölibatsfreiwilligkeit nur zölibatäre Priester Bischöfe und Päpste werden, wäre die Zwei-Klassen-Priesterschaft ohne weiteres das Ergebnis, vergleichbar mit der Professritterschaft der Malteser. Im Malte-

---

[60] Benedikt XVI, „Aus der Tiefe des Herzens“, S. 41

[61] Ultimis temporibus 20, Papst Paul VI

[62] Optionaler Zölibat führte dann zu offenem Nepotismus, deren verdeckte Version die Borgias um die 15. Jahrhundertwende unter Papst Alexander VI betrieben

serorden ist nur ein zölibatär lebender Ordensritter, sog. Professritter, zum Großmeister wählbar.

Tatsächlich stammt der Zölibat noch aus apostolischer Zeit. Er hat damit seit Anbeginn des Christentums an der Sukzession teilgenommen. Schlicht falsch ist die Behauptung der Reformer, der Zölibat stamme erst aus dem Jahr 1139. Zahlreiche Forscher weisen den Ursprung des Zölibats jedenfalls um die erste Jahrhundertwende nach. Für die Zeit davor sind die Ergebnisse unsicher, aber die verheirateten Priester aus dem ersten Jahrhundert lebten in ihrer Ehe enthaltsam, sobald sie geweiht waren.[63]

Warum die Zölibatsgegner seinen Ursprung bewusst falsch datieren, liegt auf der Hand: Geringeres Alter hat schwächere Bestandskraft.

Auf der Synode von Elvira um die dritte Jahrhundertwende[64] wurde der Ausschluss der verheirateten Priester entschieden, die gegen das Enthaltsamkeitsgebot verstießen. Diese Synode setzt also die frühere Existenz des Zölibats bereits voraus, das unverheiratete und verheiratete enthaltsame Priester erfasste. Elvira war somit nicht der Anfang des Zölibats, sondern bedeutete die Sanktion derer, die sich nicht daran hielten. Der Zölibat ging der Synode voraus, aber die Wahrheit ist selten so nützlich wie die Legende.

Wenn Synodale also behaupten, es habe um das Jahr 1000 verheiratete Priester gegeben, so ist das richtig, aber sie verschweigen den für die Debatte wichtigen Umstand, dass diese Priester nicht mit ihren Frauen das Bett teilten.

---

[63] Christian Cochini, „Apostolic origins of Priestly Celibacy", Ignatius-Verlag 1990; Stefan Heid, „Zölibat in der frühen Kirche", Schöningh-Verlag 1997

[64] Irgendwann in der Zeit zwischen 295 und 314

Fast gleichzeitig mit Beginn der ersten Synodalversammlung Ende Januar 2020 erschien die deutschsprachige Ausgabe des Buches „Aus der Tiefe des Herzens" von Robert Kardinal Sarah mit einem Beitrag von Papst Benedikt XVI. „Von allen Seiten überschwemmen die Wellen des Relativismus das Boot der Kirche. Die Apostel fürchten sich. Ihr Glaube ist schwächer geworden …" diagnostiziert Sarah.[65] Er bagatellisiert die Enthaltsamkeit nicht, sondern weiß um das Martyrium dieser Lebensweise: „Im Sturm müssen wir Priester erneut behaupten, dass wir bereit sind, das Leben für Christus zu verlieren".[66]

Vater Benedikt betont in diesem Buch die Übernahme des Priesterkults aus dem Alten in den Neuen Bund, sagt aber auch, was völlig neu ist: „Das Priestertum Jesu Christi lässt uns Priester in ein Leben eintreten, in dem wir nur noch Christus gehören und in dem wir auf alles verzichten, was nur uns gehört. Dies ist der Grund und der innere Sinn des Zölibats … und einer neuen Lebensweise".[67]

Den synodalen Zölibatsabschaffern geht es weniger um die Vermeidung einsamer Ejakulationen unserer Priester. Den ungebetenen Rechtewahrnehmern ist das radikale Entfernen wichtig, das Wegnehmen von der Kirche als sichtbares Zeichen ihres reformerischen Tuns. Overbeck[68] bringt die Überzeugung von der eigenen Wichtigkeit auf den Punkt: „Wir … stehen an einer Zäsur, die vielleicht noch tiefer geht als die Reformation, am Anfang der Wirkung eines geistlichen Tsunamis".[69] Nicht mal Luther hat sich so wichtig genommen,

---

[65] „Aus der Tiefe des Herzens", Kardinal Robert Sarah, S. 21

[66] aaO, 22

[67] aaO, S. 26

[68] Bischof von Essen

[69] „Kein synodaler Weg ohne Verbindlichkeit", domradio.de v. 25.5.2019

obwohl er 1517 ein verheerenderes Sacco di Roma[70] anrichte-
te als Karl V. zehn Jahre später. Die Epochenwandelexperten
haben Größeres vor, und Deutschlands Glaube scheint in der
Tiefe tatsächlich eine schismatische Tektonik zu beherbergen.

In Kombination mit Frauenordination liegt die protestantische Realität der katholischen Zukunft nahe: Geschiedene Bischöfe und Bischöfinnen[71] als Vorbild für unsere eigenen Hirten. „Wie könnten die Menschen verstehen, dass der Priester
sich ihnen ganz hingibt, wenn er sich dem Vater nicht ganz
ausliefert?"[72] Ausgerechnet diejenigen Protestanten, die mit
schlechtem Beispiel vorangehen, treten in der katholischen
Presse als zu jedem Thema allwissende Meinungsmacher auf
und glauben, die Menschen merken das nicht.

Ein freiwilliger Zölibat unterläge dem Privaten und wäre nicht
länger Teil der katholischen Theologie für alle. Erst mit dem
Enthaltsamkeitsversprechen erreicht der Kandidat die kul-
tische Dimension, die aus der alttestamentlichen Ordnung
übernommen und katholisch auf Lebenszeit erweitert wurde.
Priesterehe heißt deshalb Abschaffung des Zölibats, Freiwilligkeit ist ein Kompromiss nur für religiöse Weltenbummler,
für den Glauben ist er faul. Unter diese Fäulnis fällt auch der
Vorschlag des Priesters auf Zeit.[73] Sein Urheber Burkhard
Hose ist katholischer Hochschulpfarrer, was die Idee nicht
katholischer macht. Deutsche und österreichische Mönche
hatten bereits vor ihm die Idee, scheiterten aber, die Berufungen blieben aus. Hose bezieht seine Idee aus der Politik und
spekuliert mit einer Strategie gegen Machtmissbrauch. Die

---

[70] Plünderung Roms

[71] Käßmann aus Hannover, Jepsen aus Hamburg, Wartenberg-Potter aus
Lübeck

[72] „Aus der Tiefe des Herzens", Robert Sarah, S. 65

[73] „Priester auf Zeit", Burkhard Hose, domradio.de v. 13.10.2019

Grünen hatten 1978 mit ihrer Ämterrotation Politiker auf Zeit eingeführt und waren auch die ersten, die sich nicht mehr daran hielten.[74] Ob Priester rotieren, nachdem sie Spaß am Job gefunden haben? Vielleicht geht`s auch ganz ohne, Hose: „ … Mir ist fast schon egal, ob das mit oder ohne Priester geschieht". Der Mann ist im falschen Verein gelandet, die sola gratia[75] gibt's bei den Evangelischen. Demzufolge handelt der Bäcker schon christlich, indem er gute Brötchen backt.

Künftig eine Frau nächtigen oder weiterhin in einsamen Zellen mit Gott allein sein mit dem Lohn der Treue des Herrn, diese Frage muss man in aller Deutlichkeit stellen, anstatt wie die Synodenväter nebulös vor den Gläubigen rumzueiern, es gehe ihnen allgemein um die „Glaubwürdigkeit des Priesterstandes", so ein Quatsch.

Entscheidet Euch, Berufene!

In der Heiligen Schrift lesen wir: „Der Unverheiratete sorgt sich um die Sache des Herrn; er will dem Herrn gefallen. Der Verheiratete sorgt sich um die Dinge der Welt; er will seiner Frau gefallen. So ist er geteilt".[76] Und Jesus selbst sagt: „Amen, ich sage euch: Jeder, der um des Reiches Gottes willen Haus oder Frau, Brüder, Eltern oder Kinder verlassen hat, erhält dafür schon in dieser Zeit das Vielfache und in der kommenden Welt das ewige Leben".[77] Die Worte des göttlichen Sohnes müssen den Synodal-Humanisten als übernatürlicher Fremdkörper vorkommen.

Da in den ersten Jahrhunderten früh geheiratet, aber erst im

---

[74] Insbes. Petra Kelly und Gert Bastian hielten nichts davon

[75] Gnade ohne priesterliche Vermittlung, sog. Lehre vom Priestertum aller Gläubigen

[76] 1Kor 7, 32-34

[77] Luk 18, 29-30

Erwachsenenalter getauft wurde, verstand man bei späteren Klerikern den Zölibat nicht so, dass sie nie hätten verheiratet sein dürfen. Es ging vielmehr um die Frage, ob er noch als Kleriker mit seiner Frau schlafen durfte. Die heutige westliche – sog. romantische – Ehe wird nach reiflicher Überlegung und lange nach der Taufe geschlossen, es geht dabei auch um Karriere als Ziel von Familienplanung, die per se unkatholisch ist. Wie im Stakkato ist dieses Leben durchgeplant, Bausparvertrag vor Schwangerschaft, für eine Berufung müsste man dem Heiligen Geist zuhören können, aber dafür bleibt keine Zeit.

Dagegen wendet sich der guineische Kardinal Sarah. „Man wird nicht Priester, weil es notwendig ist, innerhalb der Gemeinde ein Bedürfnis zu stillen, und weil irgendjemand den ‛Posten‛ nun einmal besetzen muss. Das Priestertum ist ein Lebensstand. Es ist die Frucht eines intimen Dialogs zwischen Gott, der ruft, und der Seele, die antwortet: ‛Siehe, ich komme, um deinen Willen zu tun‛ (Hebr 10, 7)“.[78]

Eben diese Verbundenheit mit Christus will
das Gottesvolk in seinen Hirten wahrnehmen,
und es ist durchaus imstande, sie zu erkennen
ultimis temporibus, 20

Auf dem Synodalen Weg kommen zwar nicht traditionell denkende Priester, dafür aber die zu Wort, die mal katholische Priester werden wollten: „… Ministrant war ich nie und Theologie zu studieren oder gar Priester zu werden, kam für mich nicht in Frage. Dazu habe ich zu viel Lust auf Sex und deshalb habe ich mir zu Herzen genommen, was Erasmus von Rotterdam über den heiligen Thomas Morus geschrieben hat: ‚Maluit igitur maritus esse castus quam sacerdos impurus.‛

---

[78] „Aus der Tiefe des Herzens", Robert Sarah, S. 76

– Lieber ein anständiger Ehemann sein, als ein lasterhafter Priester`".[79] Der Redner mag ehrlich sein, aber für wen anderes spricht er noch als für sich selbst?

Dass katholische Priester mal einsam sind, muss jedem Gläubigen klar sein. Wenn der Redner diese Last nicht auf sich nehmen konnte, aber unbedingt Geistlicher werden wollte, hat er mit dem dann erlernten Beruf für sich eine bessere Wahl getroffen. Aber was um Himmels Willen sucht er auf dem Synodalen Weg in Frankfurt? Soll er den Konsens der Priester erheischen, die sich für etwas entschieden haben, das ihnen größer erscheint als sie selbst und sie zu der kleinmütigen Glückseligkeit des Redners führen? Der katholische Priester geht in seinem Zölibat permanent an seine Grenzen, er überschreitet sie hin zu Gott als Teil einer jauchzigen Sinfonie. Warum passt das den Synodalen nicht in ihrer traurigen Ballade?

Mit 40 zum ersten Mal

Zahlreiche Bischöfe wollen ihren Seminaristen die Last des Zölibats nicht antun, unter dem sie selbst leiden. Einerseits ehrt sie ihre Empathie, aber besitzen diese Väter noch die Stärke zur Weitergabe der Totalität an ihre Söhne? Als ob die Priesterschaft seit der Antike[80] steril war und anno domini 2019 plötzlich unsere Priester im besten Mannesalter ihre Sexualität entdecken.

Gerade mit ihrer Entsagung geben Priester Zeugnis statt durch Worte. Es geht um Regeln, die den einzelnen überdau-

---

[79] Der Synodalteilnehmer Christian Gärtner, ZdK Bistum Eichstätt in seinem Glaubenszeugnis zum Synodalen Weg

[80] Ob die Epocheneinteilung sinnvoll ist, wird in diesem Buch nur beiläufig behandelt. Vorläufig soll es wie gewohnt bei den üblichen Begriffen bleiben

ert. Kurz: Ob Keuschheit unserer Priester bis zur Wiederkehr des Herrn ein Ordnungsfaktor bleiben kann. Einige können die Spannung zwischen Recht auf Sexualität einerseits und dem Ertragen andererseits nicht hinnehmen, ihr Humanismus steht ihnen im Weg, für sie ist die Regel ein Zwang und also Freiheitsfeind. Jedoch ist der Zölibat gerade Ausdruck des freien Willens des Berufenen. Natürlich begibt er sich in einen Zwang, aber aus der Rolle der Freiheit, die er dafür willentlich aufgibt. Es ist deshalb nicht richtig, bei Kirche und Gesellschaft Mitleid einzufordern für junge und alte Männer, die Priester geworden sind, denen aber die Keuschheit eine Last sei. Im übrigen liegen überhaupt keine Zahlen vor über die Priester, die von rd. 450.000 der Weltkirche wirklich ihre Keuschheit ablegen wollen. Ich bezweifle, dass es eine Mehrheit ist, ich bezweifle auch, dass das überhaupt eine große Zahl ist.[81]

Nicht die Voraussetzungen, sondern die Folgen einer päpstlichen Zölibatsaufhebung beschäftigt die Muttergottes in ihrer Erscheinung vor der Heiligen Birgitta von Schweden. Der Papst werde in dem Fall von Gott verdammt werden, ihm werden die Augen ausgestochen, Zunge, Lippen, Nase und Ohren abgeschnitten, Hände und Füße abgehauen und alles Blut seines Leibes vergossen, anschließend sein blutleerer Leib den Hunden zum Fraß vorgeworfen.[82]

Ist das nicht krass?

---

[81] In den letzten Jahren hatte ich viele Gespräche mit Ordensleuten. Nur eine einzige Nonne beklagte sich über fehlende Sexualität, aber ich will auch erwähnen, dass sie vom Glauben abgefallen war. Alle anderen gaben im Tenor an: Das Ordensleben war immer schon genau mein Ding, mit allem, was dazugehört!

[82] „Vision an Birgitta von Schweden", gloria.tv, Fassung v. 19.5.2021

Die Kirche ist die Braut Christi und der Priester verkörpert den Bräutigam. Wie kann dann eine Frau der Bräutigam der Braut Christi sein?

Oder ist gerade dieses Braut-Braut-Bild symptomatisch für das synodale Kombinationsprogramm aus Frauenordination, Homo-Ehe und Zölibatsvernichtung? Auch dabei bleibt das reformerische Kernelement die Emanzipation, die die Frau auf die andere Seite des Altars bringen soll. Wenn der Messias das gewollt hätte, warum hat er dann nicht eine einzige Frau Zeugin des Letzten Abendmahls werden lassen? Wenn er es aber damals nicht getan hat, warum sollte er es jetzt wollen?

Wenn jemand gegen diese Auffassung von Gleichberechtigung verstoßen hat, dann war es der Messias selbst. Nun wird aber vom Papst als dessen Stellvertreter etwas gefordert, was er rechtmäßig nicht ändern kann, denn subjektives Möchten plus Verdienst reicht nicht zur Ordination. Neben dem unbedingten Wunsch muss das Auserwähltsein durch den Herrn kommen. Auch der unglaublich Fromme wird ja nicht kanonisiert, nur, weil er das gern hätte.

Gottes Plan ist offenbar nicht Emanzipation, er verleiht dem Mann kein höheres, sondern ein anderes Charisma als der Frau. Als Adam noch allein war im Paradies, konnte er nicht begehren, nur verehren, und zwar Gott, Adam war auf diese Weise ur-priesterlich. Sobald Eva da war, galt ihr ein großer Teil seiner Aufmerksamkeit. Eva aber war nie im gleichen Sinn mit Gott allein.

Das versteht Mechthild Heil als Bundesvorsitzende der Katholischen Frauengemeinschaft Deutschland anders. „Gleich und berechtigt" ist ihr Motto mit dem Ziel einer „geschlechtergerechten Kirche".[83] Nun soll also die Ordination zum Wettbewerb zwischen Mann und Frau werden, als sei die Priesterweihe eine Unternehmensposition, das dem gleichberechtigten Zugang per quota offenstehe.

Bei so viel Reformeifer vergisst man auch schon mal die biblische Schonungslosigkeit, was die Frauen angeht, die ihren oder anderen Männern ihrer Zeit so brutal überlegen waren: Eva, Sara, Rebekka, Rahel, Ester, Maria, Elisabeth und Marta und die Heiligen wie Katharina von Siena und Edith Stein[84], beide Schutzheilige Europas. Sie alle haben ihre Stärken innerhalb des göttlichen Plans ausgelebt und nicht gegen ihn.

Übersehen wird, dass nicht Männer den Frauen gegenüber beim Priestertum privilegiert sind, sondern zölibatär lebende Männer sind nichtzölibatär lebenden Männern und Frauen gegenüber privilegiert. Das synodale Argument, eine Bezugnahme auf das rein männliche Aposteldutzend reiche nicht aus für das ausschließliche Männerpriestertum, greift schon zeitlich viel zu kurz. Denn reines Männerpriestertum hatte man bereits in der Zeit des Alten Testaments und das Bezeichnende an Jesu Stifterverhalten ist, dass ER daran nichts geändert hat.

Im Katholischen hat die Frauenordination keine Grundlage und ist auch nicht Ausdruck von Ökumene, sondern die Liaison mit der Evangelischen Kirche.[85]

> *Die heilige Weihe empfängt gültig*
> *nur ein getaufter Mann (vir)*
> **CIC can. 1024**

---

[83] „Wir Frauen wollen der Kirche nicht nur dienen", domradio.de v. 15.6.2020

[84] Teresia Benedicta a Cruce

[85] In diesem Punkt neuerdings auch mit der Orthodoxie

Die Neuerungsabsichten für die Weihe gehen derzeit von Diakoninnen bis Priesterinnen, im Nachbarland Frankreich noch höher. Und die Presse zieht mit. Während 2016 der Wunsch einer jungen unverheirateten Frau, Priesterin zu werden, noch mit dem Tenor „definitiv nicht" belächelt wurde[86], wird dieselbe Dame, inzwischen verheiratet, in 2019 erneut gehört, aber mit den enthusiastischen Fragen des synodalen Aufbruchs.[87] Und obwohl sie mittlerweile Theologin ist, betet sie dasselbe herunter, was andere Reformer ebenfalls wie stille Post weitertratschen: Man müsse die Strukturen verändern, der Zölibat sei schließlich erst im 12. Jahrhundert eingeführt worden[88], in den ersten Jahrhunderten nach Jesus Christus habe es auch Priesterinnen gegeben und die gesellschaftliche Entwicklung habe die Moralvorschriften der Kirche überholt. Warum recherchiert eine Theologin nicht richtig, bevor sie sich mit der Presse zu solchen Themen einlässt? Ist es aus Fahrlässigkeit oder aus dem Kalkül, dass es schon kaum jemand nachprüfen werde, wenn eine vom Fach spricht? Den nachweislich falschen Argumenten[89] fügt sie revolutionär hinzu: Gleichberechtigung fordere sie vom Papst. Im Vatikan säßen aber zu viele Frauenhasser.[90] Dass das Gesagte bei der Masse ankommt, ist für die Synodalen wichtiger als die Wahrheit. Noch infantiler ist die Begründung von Kardinal Marx: Als Kind habe er sich ja auch keine Busfahrerin vorstellen können und lässt wie ein Altkanzler in väterlicher Anekdotenart der Sache freien Lauf: Er sei neugierig darauf, was passiere.[91]

---

[86] „Warum es keine Priesterinnen in der katholischen Kirche geben kann", domradio.de v. 16.8.2016

[87] orange.handelsblatt.com v. 26.2.2019

[88] Wurde hier bereits widerlegt

[89] Insbes. Zum Alter des Zölibats

[90] aaO

[91] „Kardinal Marx zu Frauen und Reformen", domradio.de v. 10.7.2020. Einen Busfahrer hat Seine Eminenz übrigens nicht zum Synodalen Weg eingeladen

Angesichts des synodalen Lesbenanteils muss die Frage erlaubt sein, warum man nicht differenziert: Dann wäre die Frauenordination eine Forderung von lesbischen Frauen, nicht aber von Frauen an sich. Und wenn dann an der Zielmarke Altar etwas schräg skandiert wird „wir sind Frauen" – was haben wir Gläubige davon?

Im weiteren Synodalverlauf werden die Forderungen noch vehementer. Schwester Susanne Schneider von den Ordensfrauen für Menschenwürde[92] fordert Anfang Juli 2020 ungeschminkt die Priesterinnenweihe.[93] Sie sieht während der Eucharistie ein Ungleichgewicht zwischen dem Gedanken des Priesters als Stellvertreter Christi einerseits und der *Communio*[94] andererseits. Die Mahlfeier sei eine Versammlung und Eucharistie nichts exklusives. Während der Corona-Krise sei klar geworden, „wie abhängig Frauen" beim Gottesdienst „von geweihten Amtsträgern" seien.[95] Die Abhängigkeit nehme den Frauen ihre Würde.[96] Schwester Susanne hat offenbar schlechte Erfahrungen mit einem hochnäsigen Priester gemacht. Jetzt fordert sie Priesterinnen, abgeleitet aus ihrer persönlichen Biografie. Als ob man das Auftreten einer hochnäsigen Priesterin durch Absetzen eines hochnäsigen Priesters vermeiden könnte.

Im Hinblick auf Sternbergs Zauberwort der „überwältigenden Mehrheiten" sei auch hier gesagt, dass die Meinung einer einzigen Schwester noch keinen Nonnenaufstand auslöst. Die meisten der noch rund 12.500 Ordensfrauen in Deutschland[97]

---

[92] Das ist kein monastischer Orden, sondern eine Initiative aus Mitgliedern verschiedener Orden, Sr. Schneider gehört dem Orden der Missionarinnen Christi mit Sitz in München an

[93] „Abhängigkeit nimmt uns die Würde", domradio.de v. 6.7.2020

[94] Gemeinschaft

[95] „Abhängigkeit nimmt uns die Würde", domradio.de v. 6.7.2020

[96] Facebook / Ordensfrauen für Menschenwürde

[97] Zahl aus der Statistik für 2020 der Deutschen Ordensoberenkonferenz

denken anders als Schwester Susanne Schneider. Auch begegnet man mit Frauenordination nicht einem tatsächlichen oder vermeintlichen Priestermangel. Trotz Pfarrerinnen ist bei den Protestanten die Zahl der Ordinationen von 975 in 1994 um mehr als zwei Drittel auf 322 bis 2016 gefallen.[98]

Und wo keine Fakten sind, muss eine Hypothese herhalten: Einige argumentieren, Gott hätte auch eine Frau senden können.[99] Hat er aber nicht. Team Bode/Sattler[100] behauptet, Gott sei angesichts der gesellschaftlichen Rahmenbedingungen vor zweitausend Jahren klug gewesen, als Mann Mensch zu werden und begründet das mit der damaligen patriarchalischen Gesellschaft. Man (Frau) ist offenbar der Überzeugung, dass Gott nicht in die gesellschaftlichen Rahmenbedingungen hätte eingreifen und einen weiblichen Messias hätte senden können. Sattler entpuppt sich als Deistin. Anhänger des Deismus glauben, dass Gott die Welt geschaffen, dann aber nicht mehr eingegriffen habe. Daran ist nicht viel katholisches. Wer sonst als Gottvater hat Moses die Tafeln mit den Geboten gegeben, wer hat David den Tempelbau verboten, wer hat den Vorhang im Tempel reißen lassen? Sattler denkt nicht daran, dass Gott es genau so gewollt hat wie es geschehen ist, nach ihr war SEIN Wirken dagegen nur ein Kompromiss an ein inzwischen überholtes patriarchalisches System, ihr fehlt offensichtlich jede innere Glaubensbindung an den Messias. Sie kann auch nicht erklären, warum der Prophet Micha die Geburt des Messias ankündigte (Micha 5,1-3), eines Mannes.

---

[98] Auch die evangelische Kirche leidet unter mangelndem Pfarrernachwuchs, die-tagespost.de v. 6.4.2021

[99] „Theologin Sattler: Jesus hätte auch eine Frau sein können", kirche-und-leben.de v. 24.9.2019

[100] Der Osnabrücker Bischof und die Münsteraner Theologin Dorothea Sattler leiten das Synodenforum Frauen in Diensten und Ämtern der Kirche

„Ich glaube an Gott, den Vater, ..." heißt es im Glaubensbekenntnis. Das Credo ändern? Ein Klacks für Sattler.

Wer lieber die frohe Botschaft von Christa verkündet, soll das doch tun. Die Sattlerische Muttergottheit lässt sich möglicherweise noch im weltanschaulichen Nebel des Synodalen Wegs mit seinen losen Enden unterbringen. Die Feminismusbewegung Maria 2.0 ruft zu Kirchenstreiks auf, obwohl es ihr nicht nur um konkrete Ziele geht. Mitinitiatorin Elisabeth Kötter lädt ganz allgemein zum Protest ein, Zitat Kötter: „Das Netz schwingt frei, mit losen Enden zum Anknüpfen".[101] Es lässt sich auch darüber streiten, ob das religiös indifferent ist oder eine Form des Antropomorphismus, dabei schafft sich der Mensch Gott nach seinem Bild, also katholisch auf links gedreht. Ein berechnender Korrekturversuch biblischer Fakten durch infantile Hypothesen, wobei fraglich ist, ob die Maria 2.0-Mitglieder überhaupt echte Frauen sind, nur weil sie sich in Frauencafés treffen, denn dort haben sie sich einem ungeschriebenen High-Heels-Verbot unterworfen. Solche Laien glauben, ohne Gottes Hilfe das Böse allein mit flachen Schuhen überwinden zu können. Mit ihrer neuen Ideologie im Gewand katholischer Theologie vertreiben sie die noch verbliebenen. Gegen einen Katholiken, der für ein solches Frauenbild kein Verständnis hat, wird dann stets rasch das Sexismus-Argument verschossen, um ihn vom weiteren Diskurs zu exkommunizieren.

Eine Vorahnung auf das, was im Kampf um Frauenpriestertum auf uns zukommen kann, lieferten verschiedene Sektenspektakel seit mindestens 2002. Nennen wir es das synodale Vorspiel, dabei spielt stets Wasser, wenn auch kein Weihwasser, eine Rolle. Der exkommunizierte Bischof Romulo Braschi aus Argentinien inszenierte 2002 auf einem Donauschiff eine „Priesterin-

---

[101] „Maria 2.0 setzt in Corona-Krise auf virtuellen Protest", domradio.de v. 6.5.2020

nenweihe". Kurz zuvor hatte er auf einem Dachboden seinen Freund Ferdinand zum Bischof geweiht.[102] Der Regelsberger Ferdinand, auch als „Raphael vom Stift" bekannt, ehemaliger Benediktinerpater, war 1977 laisiert worden, weil er seine Anne-Marie ehelichen wollte, mit der er bei seiner Dachboden-Bischofsweihe bereits verheiratet und von der er auch schon wieder geschieden war. Dem exkommunizierten Romulo taten es im Jahre 2006 selbsternannte Bischöfinnen nach, diesmal auf einem Ausflugsschiff in den Gewässern des Bodensees, und weihten Gleichgesinnte zu Priesterinnen.[103] Der Synodale Weg macht aus diesem absurden Theater nun Reality für alle.

Am dankbarsten bin ich den Synodisten, wenn sie ihre groteskesten Szenarien aufführen, weil mir dann wieder schlagartig bewusst wird, was katholisch ist und was nicht. Am 20.9.2020 wurden in Freiburg drei neue Priester geweiht. Auf dem Platz vor der Kirche grämten sich die Damen von Maria 2.0 und feierten auf Klapptischen mit Baguette und Chianti ihr eigenes „Abendmahl".[104]

Das Männerpriestertum ist eine apostolische Überlieferung und nichts exklusiv Katholisches. Die meisten christlichen Kirchen kennen die Frau unter dem Kelch nicht. Die Frauenordination wäre daher keine Reform, sie würde wie ein plötzlich aufsteigender Riesenkalmar 2000 Jahren NT den Boden unter den Füßen wegziehen. Gebrochen wäre auch die jüdisch-christliche Tradition, denn auch unsere älteren Brüder im Glauben kennen keine Priesterin. Das gilt auch für den Frauendiakonat, der in der traditionellen Reihe Di-

---

[102] „Geschiedener Expater wird zum Bischof geweiht", nordbayern.de v. 4.6.2002

[103] „Erste Schweizerin zur katholischen Priesterin geweiht", swissinfo.ch v. 24.6.2006

[104] „Freiburger Katholikinnen feiern eigene Eucharistie", swr.de v. 21.9.2020

akon – Priester – Bischof steht. Diakoninnenweihe wäre nur eine Übergangsphase hin zur Papessa von Reformers Gnaden. Und tatsächlich steigen im Juni 2020 die ersten Luftblasen des Reformkraken an die Oberfläche: Die französische Theologin Anne-Marie Pelletier schlägt vor, Frauen an der Papstwahl zu beteiligen und meint, die Priesterschaft dürfe nicht allein über die Regierung der Kirche entscheiden.[105] Aus rein säkularer Sicht vertretbar. Aber die Kirche ist nicht säkular. Pelletier selbst ist Theologin und Mitglied der von Papst Franziskus 2020 eingesetzten Studienkommission zur Frage der Diakoninnenweihe, die er im Anschluss an die Amazoniensynode eingesetzt hat. Die Forderung, Frauen als Laien an der Papstwahl zu beteiligen, geht auf ihre Weise über die Forderung nach Frauenordination hinaus: Bei letzterer würden einige Priesterinnen irgendwann zu Kardinälinnen werden und wären dann Papstwählerinnen. Pelletier fordert somit, über künftige Kardinälinnen hinaus Laien am Konklave zu beteiligen. Der von seinem Interviewer als „Vatikanexperte" ausgewiesene Ulrich Nersinger greift – sonst sehr untypisch für die Epochenbeender – auf die Geschichte zurück und nennt uns einige Kardinäle, die nicht Priester waren, die folglich das Kardinalsamt ohne Weihe verrichteten, also Laien waren und zieht daraus den Schluss, dass deshalb auch Frauen als Laien Kardinäle sein könnten.[106] Daraus ergäbe sich folgende Logik: Es gab Kardinäle ohne Priesterweihe – sie waren Laien – Frauen sind auch Laien – weil auch sie Laien sind, können sie auch Kardinäle sein. Man müsse auch nicht auf göttliches Recht Rücksicht nehmen, so Nersinger[107], da die Papstwahl kirchlichem Recht unterliege, nicht göttlichem. Zahlreiche Fragen

---

[105] Vatican female deacons commission member: „Why not include women in the college of cardinals?", novenanews.com v. 25.6.2020

[106] „Frau Kardinälin?", domradio.de v. 30.6.2020

[107] aaO

bleiben offen: Kommen Frauen durch Wahl, Akklamation oder Los zum Stimmrecht? Sollen sie eine Quote im Konklave erfüllen? Welche Rolle spielt der Heilige Geist in einem solchen Konklave? Wie lautet die weibliche Form von Geist?

Bis hierher gehen die synodalen Überlegungen ums aktive Wahlrecht. Was aber wird aus dem passiven Wahlrecht? Seit jeher kann jeder getaufte Mann, der katholisch ist[108], Papst werden, ein Mindestalter ist nicht vorgeschrieben. Bei bloßem Vergleich zwischen aktivem und passivem Wahlrecht fällt also auf, dass ein Laie nicht wählen darf, aber sehr wohl gewählt werden kann. Ist diese Diskrepanz ein Punkt für die Reformer? Nicht, wenn man dem Katholischen wenigstens noch so viel Spiritualität zugesteht, die Qualifikation der Kardinäle als Wahlmänner des Heiligen Geistes zu akzeptieren. Sonst müsste man auch die Frage beantworten, welcher Laie diese Qualifikationen mitbringt. Auch hierauf haben die Synodalen in ihrer Gleichberechtigungsinflation eine einfache Antwort: Jedermann.

Für den, der das immer noch nicht versteht, breitet der Osnabrücker Oberhirte Bode unmittelbar nach der ersten Synodalversammlung seine Theologie light aus: Christus sei „Mensch, nicht Mann geworden".[109] Basic Instinct oder nur ein Sonnenstich auf der Hütewiese? Diesmal hat sich offenbar der Schäfer, nicht die Herde verlaufen. Überlassen wir hierzu seinem US-Kollegen, dem Bischof von Tyler, Joseph Edward Strickland, das Wort: „Lächerlich und häretisch"[110],

---

[108] Er muss nicht katholisch getauft sein, da die Konfessionen seit der Magdeburger Erklärung v. 29.4.2007 gegenseitig die Taufe der anderen Konfession anerkennen, was bei Konversionen eine Rolle spielt: Der Konvertit muss nicht erneut getauft werden

[109] Zitat Bischof Bode: „Jesus ist Mensch, nicht Mann geworden", katholisch. de v. 6.2.2020

[110] „Synodaler Weg: US-Bischof nennt Bode-Kommentar `häretisch`",

Bode möge auf den Weg der katholischen Lehre zurückkehren, sagt der Texaner.

Unterstützung erfährt die neue Nicht-Mann-Sondern-Mensch-Lehre aus Essen. Dort schafft ein anderer Protagonist eine kuriose Situation. Stellen Sie sich vor, bei einem gemütlichen Fernsehabend dreht sich der TV-Darsteller aus dem Bildschirm plötzlich zu Ihnen und erwartet, dass Sie Ihm sagen, wie es weitergeht. Fallen Sie dann nicht vom Sofa? Aber wenn ein deutscher Bischof ihnen die Vision abverlangt, wie es mit der Kirche weitergehen soll, finden das viele normal, obwohl es genau sein Job wäre zu sagen, wo`s lang geht. Ruhrhirte Overbeck sagt zum Ausschluss der Frau vom Priesteramt, „die allermeisten Menschen verstehen das nicht mehr und glauben es auch nicht. Ich bin ebenfalls mehr als nachdenklich".[111] Offenbar hatte Overbeck bisher daran geglaubt. Wenn Overbeck nicht mehr daran glaubt, betrifft das dann den Glauben oder seine persönliche Wahrnehmung? Jedenfalls ist er durch Nachdenken[112] jetzt darauf gekommen, dass katholische Priester ein y-Chromosom haben.[113] Wow, das ist an Nachdenklichkeit nicht zu überbieten. Vor allem dann, wenn man dabei den Kopf stets im 45 Grad-Winkel beugt, was das Nachdenken offenbar erheblich fördert und die grundsätzliche Fremdheit des Katholischen im zeitgemäßen Zuhörer popularisiert. Frauenausschluss widerspräche daher der Geschlechtergerechtigkeit. Damit unterstellt er nach seinem persönlichen Bekehrungserlebnis seinen Kritikern die

---

die-tagespost.de v. 7.2.2020

[111] „Overbeck nachdenklich: Priesteramt an einem y-Chromosom festmachen?", katholisch.de v. 28.10.2019. Der hohe Priester überlässt es seinen Schafen, ob es mit oder ohne Priesterinnen weitergehen soll

[112] In dem Beitrag sagt Overbeck, er sei nicht mehr derselbe wie vor zehn Jahren und offenbar meint er etwas anderes als die Folge von Zellteilung

[113] Synodale Wandlung Nummer eins

Befürwortung einer Männerdominanz und lässt den göttlichen Willen bei der Priesterberufung strikt außen vor. Demnach wäre Priesterberufung männergemachte Männersache. Früher nannte man solche Demagogie Volkspädagogik, aber bis heute kann man mit so was punkten. Nichts gegen Wandlung – auch Paulus hat sie bei Damaskus erfahren, nur in umgekehrter Richtung: Er fand zu Christus.

Denn in ihm hat er uns erwählt
vor der Erschaffung der Welt
Eph 1,4

Emanzipation statt jesuanischer Bestimmung als Ordnungsfaktor – die Synodalen suchen den Konsens mit einem soziokulturellen Demos.

Dabei geht es gar nicht nur um Macht, sondern um Vollmacht, wie Sankt Johannes Paul der Große sagt. „… Damit also jeder Zweifel bezüglich der bedeutenden Angelegenheit, die die göttliche Verfassung der Kirche selbst betrifft, beseitigt wird, erkläre ich kraft meines Amtes, die Brüder zu stärken (vgl. Lk 22,32), dass die Kirche keinerlei Vollmacht hat, Frauen die Priesterweihe zu spenden, und dass sich alle Gläubigen der Kirche endgültig an diese Entscheidung zu halten haben".[114] Das sagt jemand, der eine so enorme marianische Spiritualität hat, die die Frau wahrlich in den Himmel hebt. Auch wenn der Heilige nicht *ex Cathedra* gesprochen hat, so ist sein Apostolisches Schreiben eine endgültige Entscheidung, denn es erfüllt dessen sämtliche Voraussetzungen: Der Pontifex nimmt in diesem Moment die oberste Lehrgewalt wahr, der Inhalt hat gesamtkirchliche Verbindlichkeit und gemäß dem Wortlaut

---

[114] Apostolisches Schreiben Ordinatio Sacerdotalis v. 22.5.1994, Papst Johannes Paul der Große

endgültigen Charakter. Nur klarstellend war demzufolge eine Antwort der Glaubenskongregation auf eine entsprechende Anfrage.[115]

Spätestens seit dem Synodalen Weg werden die Entscheidungen des polnischen Heiligen wie Karteileichen im römischen Vereinsregister belächelt. Als werde Berufung nicht erfahren, sondern man könne sie aufspüren und sich aneignen. Bezeichnenderweise sprechen die Synodalen nicht ein einziges Mal über eine Berufung, die eine Frau zum Priester erfahren habe, immer ist die Rede von Gleichheit und Gerechtigkeit, von Verdienst und Emanzipation. Man sollte deshalb an eine Online-Petition zur Exkommunikation aller Häretiker denken, deren Veränderungsdruck die katholischen Dogmen im Wege stehen. Natürlich hätte so ein öffentlicher Akt nur symbolische Bedeutung, aber den Synodistenhirten würde man einmal sehr demokratisch zeigen, dass ihre Schafe ihnen nicht in den theologischen Abgrund folgen. Sie behaupten, es gut zu meinen, weil sie die Ordinatio Sacerdotalis belächeln, die ein Hindernis der Ökumene mit den Protestanten ist, solange die sich keinen Zentimeter bewegen. Oder haben Sie etwa vernommen, dass ein Protestant künftig knien will? Die Theologin Katharina Westerhorstmann stellt fest, dass die Entscheidung von Johannes Paul II verbindlich und endgültig ist.[116] Die Professorin schlägt kompensatorisch die Einsetzung von Frauen als päpstliche Nuntien vor. Nachfolge könne man als Laie genauso radikal leben wie mit einem Weiheamt. Das ist richtig, wird die Reformerinnen aber nicht überzeugen, die nicht die Diplomatie, sondern den Kult an sich reißen wollen.

---

[115] Responsum ad Propositum Dubium v. 28.10.1995, Unterzeichner: Kardinäle Ratzinger, Bertone

[116] „Theologin: Kein Spielraum mehr für Priesterweihe von Frauen", katholisch.de v. 6.3.2020

Der Heilige Josef kann einem leid tun[117]: Reflex von Marias ewiger Jungfräulichkeit war Josefs lebenslange Enthaltsamkeit. Anstatt aber nach der Verkündigung Rechte einzufordern, nahm er klaglos seine Aufgabe wahr. Außerhalb der Heiligen Familie liefert der Nichtvollzug der Ehe den Grund für ihre Nichtigkeit. Wird dann Enthaltsamkeit mit zweierlei Maß gemessen: Im einen Fall führt sie zur Heiligkeit, im anderen zum Nichts?

Solcherlei Fragen behandelt der Synodale Weg nicht. Ihm sind die Interessen der säkularen Gesellschaft wichtiger. Von „Sexualität in gelingenden Beziehungen" ist die Rede. Deutsche Kleriker machen persönliches Verlangen zu einer Weltanschauung: „Es ist uns gelungen, eine Beziehung zu führen". Mensch, seid Ihr klasse!

Aber wann ist eine Beziehung überhaupt gelungen, wer definiert es und aus welchem Recht? Der Begriff lässt mehr Fragen als Antworten stehen und führt jedenfalls keinen Kampf mit offenem Visier. Die Reformer selbst liefern, wenn überhaupt, dann mit der Bezeichnung ihres Forumthemas eine offene Definition ihres eigenen Leitbildes. Aber wenn das Gelingen einzige Voraussetzung für das kirchliche Gutheißen von Beziehungen sein soll, ist dann nicht vor allen anderen die Polygamie gutzuheißen? Da gelingen gleich mehrere Beziehungen auf einmal. Oder ist synodal eine Beziehung gelungen, sobald Sexualität im Spiel ist? Und ist Sexualität Begierde im Sinne der Lustbefriedigung oder Liebe im Sinne des christlichen Eros oder gar Agape gemäß dem wahrhaft biblischen Verständnis von Liebe?[118] Jene Fragen sollten die Forumexperten erst mal beantworten.

---

[117] Hier ist nicht Mitleid gemeint, sondern Bewunderung

[118] In seiner Enzyklika Deus Caritas Est breitet Benedikt XVI in Ziff. 6 die Herleitung des christlichen Eros vor uns aus

Nach katholischem Verständnis ist Sexualität gutzuheißen, wenn sie innerhalb einer Ehe von Mann und Frau geschieht mit dem Wunsch, Kinder zu zeugen. Pius XI spricht 1930 vom Gattenwohl[119] und das Zweite Vatikanum[120] sieht den Sinn der Sexualität unter anderem darin, die Ehe zu stabilisieren. Erneuerungsinitial der katholischen Sexualmoral ist ein Grundsatz aus der Pastoralkonstitution *Gaudium et spes*[121] der Konzilsväter: In der Ehe schenken sich die Eheleute einander. Diese Liebe möge frei, treu, bedingungslos und lebensspendend sein. Nicht Lustfeindlichkeit, sondern eine hohe Moral an die lebensspendende Sexualität ist auch die Anforderung von Sankt Johannes Paul II. in seiner *Theologie des Leibes*.

Für jedermann erkennbar ist die geschlossene Definition der Kirche und die offene der Reformer. Letztere kann für sich in Anspruch nehmen, auch künftige Beziehungsneuschöpfungen in ihren Segen aufzunehmen, falls die auch im synodalen Sinne gelingen, wie ein ewiger Sommer der Liebe.[122]

Dabei soll Schwangerschaft synodal kein Indiz für das Gelingen sein. Schwangerschaft wird zeitgemäß ja häufig als Schaden betrachtet, in dem sich das Risiko der Sexualität realisiert hat, und nicht als die frohe Botschaft, die Folge der Fruchtbarkeit ist.

Eine reformerische Sexualmoral hat auch mit Emanzipation zu tun, wenn auch mit falsch verstandener: Reformer sehen

---

[119] Enzyklika Casti connubii 1930. Ehe und Familie seien göttliche Institutionen. Familie entstehe aus der Liebe und dem Vollzug der Ehe

[120] 1962-1965

[121] 1965

[122] Ob Romanze (wie Sommer der Liebe, Film v. Rosamunde Pilcher) oder Psychothriller (wie Sommer der Liebe, Buch v. Michael Seitz), ist eine Frage der Gnosis

die katholische Rollenverteilung zwischen Mann und Frau als Über-/Unterordnung, eine Unterstellung, der man in homosexuellen Beziehungen aus dem Weg geht[123], formal jedenfalls.

Benedikt XVI zeigt uns die Varianten begehrender und schenkender Liebe, aber auch die Entwicklung der letzteren aus der ersteren[124] und wenn man das Schenken auf das Hingeben der eigenen Fruchtbarkeit an den Partner denkt, fällt die homosexuelle Liebe durch, so sehr die (Beispiel: männlichen) Partner auch in ihrem Glück versinken mögen, ihre Ekstase führt stets in die Sackgasse, denn der Darm ist keine Gebärmutter.

Während die katholische Sexualmoral kodifiziert ist, ist die gesellschaftlich-zeitgeistige eine definitorisch und temporär labile und das will sie ja auch sein.

Permanent neu entstehen vermeintliche Geschlechts- und erotische Beziehungsvarianten, die Anerkennung verlangen und der Gesetzgeber hechelt der erotischen Gesellschaft anbiedernd hinterher.

Ein Wesensmerkmal des Ethos ist die Scham und da sind wir bereits an der Grenzüberschreitung durch die erotische Gesellschaft. Wiederkehrende Obszönitäten werden unter Beteiligung protestantischer Bischöfinnen[125] und ex-katholischer Politikerinnen[126] als Traditionen der postmodernen Aufklä-

---

[123] Die wahre Rollenverteilung im Katholizismus ist nicht Über-/Unterordnung, sondern Ergänzung, vgl. „Erwägungen zu den Entwürfen einer rechtlichen Anerkennung der Lebensgemeinschaften zwischen homosexuellen Personen", Kongregation für die Glaubenslehre v. 3.6.2003, Ziff. I. 3.

[124] Enzyklika Deus Caritas Est, Ziff. 7

[125] Jepsen

[126] Claudia Roth MdB trat 1980 aus der katholischen Kirche aus und war später Schirmfrau des Christopher-Street-Days in Dresden 2010, bezeichnet sich aber weiter als katholisch, meint dabei offenkundig einen Katholizismus, wie sie ihn gern hätte. Sie gehört der Humanistischen

rung gefeiert, dabei attackieren sie durch ihre Nacktheit die fundamentale Bedeutung der Scham in unserem Zusammenleben.

Der im Juli 2020 verstorbene Moraltheologe Prof. Eberhard Schockenhoff vertrat in einem Vortrag auf der Frühjahrs-Vollversammlung der Deutschen Bischofskonferenz, auf der auch der Synodale Weg beschlossen wurde, am 13.3.2019 die Auffassung, „… Sexualität (sei) … nicht in Analogie zu Hunger und Durst (also ein Riesenfortschritt gegenüber dem lustigen Bruder Abelaerd, der die Lust auf eine Frau dem Durst auf ein Glas Wein gleichstellte, Anm. d. Autors), sondern nach dem Modell von Sprache und Mitteilung zu verstehen …".[127] Von Sexualität als neue Form der Kommunikation ist auch durch andere Theologen die Rede. Das geht dann so: „Uschi, ich will mit dir reden", aber Uli meint was ganz anderes. Ob die Einführung der Verderbtheit in die Kommunikation die Sünden von Priestern verhindern kann? Die deutsche Tendenz, nach 1965 nachdenkliche Theologieprofessoren gläubigen Priestern auf den Bischofsstühlen vorzuziehen, findet im Synodalen Weg ihr vorläufiges Inferno.

Wer den Kinsey-Report[128] gelesen hat, empfindet eine tödliche Langeweile angesichts der Lehren, die die Reformer uns siebzig Jahre später als nagelneu und hochaktuell skandieren: Dass sich nämlich niemand seine Sexualität ausgesucht hat

---

Union an, die für Straffreiheit bei Sexualität mit Kindern plädierte. Gleichzeitig wirft ihre Partei, die Grünen, der katholischen Kirche die Pädophilie einzelner Missbrauchstäter vor, als ob die Kirche die Schuldige sei

[127] Vortrag von Prof. Dr. Eberhard Schockenhoff (Freiburg) auf dem Studientag `Die Frage nach der Zäsur. Studientag zu übergreifenden Fragen, die sich gegenwärtig stellen` zur Frühjahrsvollversammlung der Deutschen Bischofskonferenz am 13. März 2019 in Lingen, dort unter Ziff. 4.

[128] Sexual Behaviour in the Human Male 1948; Sexual Behaviour in the Human Female 1953

und Homosexualität weder therapiewürdig noch therapie-
nötig sei. Das ungekennzeichnete Zitieren eines Dachboden-
fundes hat jedoch unabhängig von seinem wissenschaftlichen
Wahrheitsgehalt gar nichts mit der Einordnung in die göttliche Ordnung zu tun.

> *… ebenso gaben die Männer ihren natürlichen Verkehr*
> *mit der Frau auf und entbrannten in Begierde zueinander;*
> *Männer trieben mit Männern Unzucht und erhielten den*
> *ihnen gebührenden Lohn für ihre Verirrung*
>
> **Röm 1,27**

Homosexualität

Der Regenbogen ist ein atmosphärisch-optisches Phänomen.[129] Und die hinter der Regenbogenflagge operierende
Bewegung ist es ebenso, denn sie will durch ihre teilweise obs-
zönen Aktionen optisch wahrgenommen werden. Im Wachs-
tum begriffen ist nicht nur ihre Akzeptanz, sondern auch ihr
Forderungskatalog. Aktuell fordern sie von der Kirche, ihre
Verbindungen zu segnen.

Bekennt man sich in Deutschland offen zum Katholischen
Glauben, wird man immer öfter als Paradiesvogel belächelt.
Bekennt man sich aber als Homosexueller, erhält man Bewunderung, vor allem von katholischen Hirten, von Outen wird
dann gesprochen, weil es mit Mut zu tun haben soll, obwohl
es längst mehr ein kalkuliertes Fishing for Compliments geworden ist. Pressuregroups beschimpfen den Katholizismus
gern als Feind der Homosexualität. Katholisch bedeutet aber
keineswegs die Diskriminierung von Homosexualität oder gar
ihre Abwesenheit: Courage International lebt vor, wie man mit

---

[129] Regenbogen, wikipedia

eigener Homosexualität enorm katholisch sein kann. Denn „der Name Gottes ist Barmherzigkeit".[130] Um Einordnung geht es, nicht um Ausschluss. Einordnung in das Konzept des Vaters, der den Anfang gemacht hat und uns aufgibt, seinen Plan zu vollenden. Praktizierte Homosexualität aber führt mangels Nachkommenschaft zum Ende vor der Zeit. Lieben wir doch die Homosexuellen, aber bringen wir den Thron der Fruchtbarkeit nicht ins Wanken, indem wir Homosexuelle zu ihm hinaufheben. Aus welcher Notwendigkeit sollen wir Homosexualität dem Privaten entreißen, um vor aller Augen das Sakrament der Ehe oder aber ein eheähnliches Sakrament über ihr auszugießen, wenn diese Beziehungen von vornherein in das lose Ende der Unfruchtbarkeit führen, also gerade keine gelingenden Beziehungen im Sinne der katholischen Lehre sein können?

In diesem Buch werden Sie keine Bewertung von richtiger oder falscher Sexualität finden. Auch stelle ich mir nicht die Aufgabe, über die Ursachen der Homosexualität zu schreiben, ob es ein Schwulen-Gen gibt oder Homosexualität auf einer Willensentscheidung beruht. Es geht mir allein um die Frage, ob die Segnung oder gar das Spenden des Ehesakramentes über homosexuellen Paaren katholisch sein kann.

Während die Einordnung der katholischen Sexualmoral in die Zuständigkeit der Kirche fällt, gerieren sich Homosexuellenverbände selbst einer Position, aus der sie hierüber zu entscheiden hätten. Beispiel: Thomas Pöschl ist Vorstandsmitglied der ökumenischen Arbeitsgruppe Homosexuelle. In einem Pressebeitrag begrüßt er das Konversionstherapie-Verbot.[131] Als Konversionstherapie bezeichnet man die Therapie

---

[130] Papst Franziskus

[131] „Kirchliche Arbeitsgruppe: Konversionstherapie-Verbot wichtiges Signal", katholisch.de v. 8.5.2020

von Homosexualität. Mit dem „Gesetz zum Schutz vor Konversionsbehandlungen" hat der Deutsche Bundestag solche Therapien verboten, soweit es Minderjährige[132] und einwilligungsunfähige Erwachsene betrifft. Das kann man gut finden. Der Beitrag verschweigt, dass Pöschl selbst schwul ist. Das ist so, als würde man Einwanderungspolitik den Einwanderern überlassen.

Das Gesetz trat Mitte 2020 in Kraft.[133] Im Netz überlässt die Bundesregierung dem damaligen Bundesgesundheitsminister Jens Spahn das Wort: „Homosexualität ist keine Krankheit. Daher ist schon der Begriff Therapie irreführend ... es ist ok, so wie du bist".[134] Auch Jens Spahn ist homosexuell.

Immer häufiger überlässt die Gesellschaft einzelnen die Kompetenz, vor dem Hintergrund ihrer eigenen Biografie eine Expertise für alle abzugeben.[135] Genau dieses Konzept aber, dass der Fordernde die Bedingungen des Annehmenden soll definieren können, soll nun der Kirche aufgezwungen werden. Während jedermann seine eigene Moral entwirft, macht man ausgerechnet bei der Kirche eine Ausnahme. Kirche soll sich nicht länger selbst gestalten, sich stattdessen allen gesellschaftlichen Forderungen des Zeitgeistes unterwerfen. Und einige deutsche Bischöfe machen sich zum verlängerten Arm der Regenbogendiktatoren.

---

[132] Demnach kann ein homosexueller Minderjähriger, selbst wenn er will, keine Therapie beanspruchen

[133] „Schutz der sexuellen Selbstbestimmung", bundesregierung.de

[134] „Es ist ok, so wie du bist", bundesgesundheitsministerium.de.

[135] Der Synodale Weg verfährt übrigens nicht so, Seminaristen sind dort nicht vertreten, obwohl genau sie vom Thema „Priesterliche Existenz heute" betroffen sind. Man diskutiert und entscheidet über ihre Köpfe hinweg

Homosexuelle sind Gegenwart, Mann und Frau sind Zukunft.

Diese Vereinigung ist Ursprung aller Generationen
Katechismus der Katholischen Kirche, 2335, 4

Die göttliche Zeugung Christi zeigt ganz nebenbei, dass Gott nicht schwul ist und nur ein heterosexueller Mann sein Ebenbild sein kann. Wer Gläubigen wie mir Naivität im Hinblick auf die Wahrheit des göttlichen Zeugungsaktes unterstellt, möge eine Heilig-Blut-Reliquie genetisch untersuchen lassen. Enthält sie keine Gene eines Menschenvaters, sind Bibel und Credo wörtlich zu nehmen, anderenfalls ist Katholizismus eine Illusion. Im Grunde wird jede Diskussion um das Heilige im Katholischen im Ergebnis jener Analyse deeskalieren. Ich selbst wollte bei Mark Benecke, einem der weltweit führenden Kriminalbiologen, eine Untersuchung anstoßen, konnte aber das Honorar nicht zahlen.[136] Jene Wahrheitssuche wäre wirklich mal eine Aufgabe für deutsche Bischofsmillionäre.

Wer die Wahrheit sucht, der sucht Gott,
ob es ihm klar ist oder nicht
Heilige Edith Stein, Patronin Europas

Der Katechismus meint die Vereinigung von Mann und Frau, nicht die Sexualität von Mann und Mann oder Frau und Frau. Ursprung aller Generationen soll demnach auch nicht lediglich die Vereinigung von männlichen und weiblichen Körperflüssigkeiten, etwa bei In-Vitro-Fertilisation, sein, sondern das Ergebnis der vereinigenden Liebe von Mann und Frau. Für die Kirche ruft das Sakrament der Ehe auch den Brautse-

---

[136] Ganz so einfach ist es natürlich nicht, man müsste erst einmal eine Christusblutreliquie verifizieren, aber welche ist echt?

gen herab, damit die Ehe dem göttlichen Plan der Fortpflanzung entsprechen kann. Über dem Homopärchen breitet der Segen seinen Sinn nicht aus.

Seitens der Reformer wird die Debatte teils so geführt, dass den Nichtreformern der „Lern- und Erkenntnisfortschritt" abgesprochen wird.[137] Hoher Urheber dieser Wertung ist der Essener Bischof Franz-Josef Overbeck, der offenbar seine eigene Wandlung mit solchen Worthülsen rechtfertigen will. Er bezeichnet sich selbst gern als „nachdenklich" und „in sich gekehrt" und übt sich darin so konsequent, dass sich kaum noch ein Redakteur traut, diese Eigenschaft in einem Beitrag unerwähnt zu lassen,[138] und der an sich selbst einen „Wandel" erlebt habe. Keine Ahnung, was er meint. Vielleicht hilft das: „Die magische Wunde: Wandlung und Heilung in der Transpersonalen Psychologie".[139] Auszug: Die alte schamanische Erkenntnis, dass essentielle Heil-Kraft sich erst mit dem Annehmen der eigenen Wunde entfaltet, der sogenannten „schamanischen Krise", lässt uns mutig sein in der Begegnung mit den eigenen Dämonen und demütig im Kontakt mit anderen Menschen und anderen Wesen.[140] Vorteil: Wenn er Rom nicht überzeugen kann, könnte er wenigstens Verwirrung stiften. Allerdings ließe sich diese Haltung eher unter Platons Idee des Philosophenkönigtums subsumieren als unter die Demokratie. Auch Platon argumentierte stets so, dass der Leser zum

---

[137] „Overbeck gegen Ausschluss von Schwulen vom Priesteramt", katholisch.de v. 28.1.2019

[138] „Overbeck nachdenklich: Priesteramt an einem y-Chromosom festmachen?", katholisch.de v. 28.10.2019; Bildunterschrift „nachdenklich", dazu Foto in Denkerpose, „Kein synodaler Weg ohne Verbindlichkeit", domradio.de v. 25.5.2019; „Ein Tag mit Bischof Franz-Josef Overbeck", katholisch.de v. 11.11.2019; „Overbeck: So sieht die Zukunft der Kirche aus", katholisch.de v. 20.9.2017

[139] Gertrude R. Croissier

[140] Synodale Wandlung Nummer zwei

Nachdenken animiert, durch die platonische Argumentation aber immer zum Ergebnis des Verfassers geführt wird, kurz: „Wer wirklich nachdenkt, wird meiner Meinung sein". Jedoch ist die Sache, wie immer, komplexer. Reicht es heute, eine Meinung zu haben, wie Bischof Overbeck, oder muss nicht auch eine gehörige Portion Glauben im Boot sein, damit es auf Kurs bleibt? Denn klar ist auch den Homosexuellen, dass aus ihren Beziehungen keine Nachkommen entstehen, wenn man das Klonen mal außen vor lässt. Es würde mich nicht wundern, wenn die LGBT-Community Eva als aus Adams Rippe geklont interpretiert.

Eine Variante der synodalen Hofierung der Homosexualität ist die Zulassung homosexueller Priester in der Hoffnung, dass sich die leeren Seminare wieder füllen.[141] Mit ihrer Kampagne „schwul am Altar"[142] nähmen sie ihren evangelischen Kollegen indes diese speziellen Kandidaten weg, weshalb die Protestanten gar nicht begeistert sind von den Ideen ihrer synodalen Wettbewerber. Dass die Päpste Benedikt XVI. 2005 und Franziskus 2016 die Priesterweihe für Homosexuelle verwehrt haben, ist den Deutschen schnuppe. Markant ist die wechselnde Argumentation der Synodalen: Die gleichen Seminarleiter, die für Priesterehe eintreten, sehen in der Homosexualität von Priesteramtskandidaten kein Problem, wenn sie doch zölibatär leben wollten! Heißt das, sie billigen die heterosexuelle Priesterehe, die homosexuelle aber nicht, obwohl sie doch gleichzeitig gegen Zölibat und für die Segnung der Homoehe sind? Wie rechtfertigen sie diese Ungleichbehandlung?

---

[141] „Münsteraner Regens: Homosexuelle können Priester werden, aber …", katholisch.de v. 30.1.2019; „Paderborner Regens: Homosexualität kein Weihehindernis", katholisch.de. v. 29.1.2019; „Overbeck gegen Ausschluss von Schwulen vom Priesteramt", katholisch.de v. 28.1.2019

[142] Benennung durch den Autor

Seminaristisches Homo-Headhunting führt zur Heterosexuellen-Flucht und das Ergebnis wird eine deutsche Homo-Priester-Dominanz sein.

Bezeichnend ist die Begründung des Schwulen-Segens, die Bode abliefert: Wegen der staatlichen Ehe für alle, sagt er.[143] Hintergrund: 2017 machte der römisch-katholische SPD-Kanzlerkandidat Martin Schulz unmittelbar vor der Bundestagswahl die Homo-Ehe zur Bedingung einer möglichen Koalition.[144] Der Hintergrund ist im Kapitel *Das westliche Gesellschaftskonzept* beschrieben. In einer offenen Abstimmung kam das Schwulenprojekt durch, Schulz triumphierte, die große Koalition kam zustande, aber Kanzler wurde Schulz trotzdem nicht, nicht mal Familienminister. Jetzt bezieht mit Bode ein katholischer Bischof Partei für säkulare Emanzipation á la Schulz und stellt sich damit offen gegen die Verbote zweier Päpste. Parteikalkül anstelle kanonischen Rechts wird sinnstiftend für katholische Sexualmoral.

Synodales Willkommenheißen der sogenannten Vielfalt ist ein Anbiedern auch mit dem Ziel, die Steuereinnahmen zu sichern. Sie halten das für Rhetorik? Dann hören Sie, was die erwähnten zehn Generalvikare[145] dazu auf den Punkt bringen:

„… Als Generalvikare sehen wir in unseren Bistümern sehr deutlich, dass nur eine offene und Vielfalt zulassende Kirche eine Chance hat, in unserer Gesellschaft wirklich präsent bleiben zu können …".

---

[143] „Bischof Bode für Segnung homosexueller Lebenspartnerschaften", die-tagespost.de v. 24.1.2019

[144] „Ehe für alle: Martin Schulz will Bundestagsabstimmung erzwingen", welt.de v. 27.6.2017

[145] Brief v. September 2019 an Marx und Sternberg

Ihre Frage ist also nicht „Was ist Kirche?", sondern „Was muss Kirche sein, um gesellschaftlich akzeptiert zu werden?". Zeitgeist als TÜV für katholische Verkehrssicherheit, wahrhaft deutsche Gründlichkeit.

Fortpflanzung oder Verhütung

Die Kirche lehrt über die Freude hinaus den Kinderwunsch als weitere Voraussetzung für Geschlechtsverkehr.[146] Das katholische Ideal ist die auf die Ehe zwischen Mann und Frau beschränkte Sexualität. Denn Gen 1, 28 ist nicht nur eine göttliche Aufforderung an Mann und Frau, es ist eine Offenbarung des göttlichen Plans für alle. Damit fallen alle Partnerschaftsmodelle außerhalb der Ehe zwischen Mann und Frau durch das katholische Modell.

> *Die Geschlechtlichkeit ist auf die eheliche*
> *Liebe von Mann und Frau hingeordnet[147],*
> **Katechismus der Katholischen Kirche, 2360, 1.**

Die Fortpflanzung muss nicht Absicht, ja nicht einmal muss die Zeugung von Nachkommenschaft bewusst sein, aber die Möglichkeit darf nicht bewusst ausgeschlossen werden. Zwar sind Homosexuelle nicht per se steril, aber ihre Verbindung ist es, daher kann ihre Sexualität nicht gutgeheißen und folglich auch nicht gesegnet werden. Die Synodisten begreifen einfach nicht, dass es bei der Frage der Segnung nicht auf ihre Meinung aus der Skala von Anstand bis Zärtlichkeit ankommt, sondern auf die Vorsehung Gottes, dem sie als Diener Gefolgsamkeit schulden.

---

[146] *Seid fruchtbar und mehret euch, Gen 1, 28*

[147] *Homosexuelle Veranlagung ist nach katholischem Moralverständnis „objektiv ungeordnet"*

Mehr herrschen als dienen sehen wir sie auch auf den groß angekündigten Segen für homosexuelle Paare. Am 10. Mai 2021[148] war das Echo der Homosexuellen überaus klein. Groß war nur wie üblich die Reaktion aus Presse und Politik, vor allem Michael Roth MdB freute sich[149], übrigens ein mit einem Mann verpartnerter Protestant. Teilnehmerzahlen wurden nicht genannt, man hätte sich schlicht blamiert. Synodale haben ein weit größeres Interesse an diesem unkatholischen Segen als Homosexuelle selbst, von denen sich viele lieber an die katholische Sexualmoral halten als zu opponieren.

Kirchlicher Sexualmoral steht jede Art von Sexualität gegenüber, die Lust von Liebe und Fortpflanzungswillen trennt: Das folgenlose Abenteuer. Pornokonsum fällt genauso hierunter wie One-Night-Stands. Eine Frau mit Kinderwunsch, aber ohne Bindungswillen, die zum Zweck einer Schwangerschaft einen Mann verführt und dann das Weite sucht, um Alleinerziehende zu werden, unterfällt trotz ihres Kinderwunsches ebenfalls nicht der katholischen Sexualmoral. Ihre Begegnung mag eine lustige, aber sicher keine „liebende Vereinigung"[150] sein. Die erwähnte Frau folgt keiner Regel für alle, sondern bei Gelegenheit ihrem individuellen Plan. Natürlich wird ihr Kind von der Kirche geliebt werden so wie die Kirche die Homosexuellen liebt: „Man hüte sich, sie in irgendeiner Weise ungerecht zurückzusetzen".[151]

---

[148] Motto: „Die verschiedenen Lebensentwürfe … feiern". Nur der Vollständigkeit halber: Der Entwurf eines enthaltsamen Lebens wurde nicht gefeiert

[149] „Deutsche Übergriffigkeit", die-tagespost.de v. 13.5.2021

[150] Humanae Vitae

[151] „Erwägungen zu den Entwürfen einer rechtlichen Anerkennung der Lebensgemeinschaften zwischen homosexuellen Personen", Kongregation für die Glaubenslehre, Ziff. I.4.

Der Kirche geht es auch um die nächste Generation. Ob Nachkommen die Folge von Partnersuche und damit von Liebe sind oder ob sie aus fremden Beziehungen oder gar aus beziehungslosen Samen- und Eizellenspenden entstandene Menschen sind, die anschließend durch emanzipatorisch-juristische Formalakte mit homosexuellen Adoptiveltern zu Familien der Vielfalt konstruiert werden, könnte einen Unterschied für ihr eigenes Leben machen. Ob das so ist, wird erst die Zeit zeigen, aber bei Fehlentwicklungen wird es für Reue zu spät sein. Der westliche Staat setzt das Kind einem Risiko aus, um monopolaren Beziehungen das Gefühl der Bipolarität zu geben, eine autoritäre Lüge um des Moments willen und der Wählerschaft.

Auch deshalb beschleunigt die westliche Gesellschaft einen reproduktions-juristischen Mechanismus, der die Partnerwahl für das Entstehen der Nachkommenschaft unerheblich werden lässt. Die rechtlichen Möglichkeiten der Adoption selbst nach juristisch in Deutschland unzulässigen Reproduktionsverfahren[152] wie der Leihmutterschaft[153] ermöglichen die Selektion von Sperma und Eizelle nach Erb-Kriterien, die in der eigenen Person nicht veranlagt sind. Man erzieht die Kinder der anderen. Gezeugt und eingefroren – bei jungen Eltern sind deren Kinder dann älter als sie selbst. So erziehen wir bald eine Generation, die schon vor uns doniert[154] war. Erscheinung und Verhalten bleiben fremd. Ein Stammbaum enthält dann auch nicht mehr die Abstammungslinien, sondern die

---

[152] Was für ein abscheuliches Wort

[153] Die Eizelle einer Frau wird künstlich mit Sperma befruchtet und der gleichen oder einer anderen Frau eingepflanzt, die die Leibesfrucht austrägt, allerdings gegen Bezahlung, deshalb ist das Wort „Leihmutterschaft" eine Lüge, typisch für die zivilisatorische Beliebigkeit

[154] Das Wort „donieren" gibt es bisher nicht, ich meine aber, es ist zutreffender als „gezeugt", denn zeugen tut hier niemand und treffender als „gespendet", denn gespendet wird gar nichts, der Samen wird verkauft!

Adoptionslinien. Wenn diese Adoptivkinder und deren (Adoptiv-)Kinder als Erwachsene in gleicher Weise verfahren wie ihre Zieheltern, werden Waisen und verstoßene Kinder in der Adoptionsvermittlung zu B-Ware, weil das Bedürfnis, Kinder zu erziehen, durch Selektion gedeckt wird, nicht durch Barmherzigkeit. Gleichzeitig reduziert das Phänomen der westlichen Kleinfamilie die Weitergabe der eigenen Gene.

Es sollte jedem klar sein, dass wir mit diesem bunten Erbe eine andere Welt erschaffen.

Du sollst nicht begehren deines Nächsten Frau
Neuntes Gebot

Das Synodale Forum „Leben in gelingenden Beziehungen" ist mehrheitlich der Auffassung, Sexualität zur ausschließlichen Lustbefriedigung müsse in den Kanon katholischer Sexualmoral integriert werden. Weitergabe menschlichen Lebens, Fortbestand der Menschheit als weiterer Sinngehalt wäre demnach nicht Voraussetzung der Sexualität. Insoweit schließt die mehrheitlich synodale Auffassung auch Geburtenregulierung durch künstliche Verhütung ein und ist strikt gegen die derzeitige Sexualmoral der Kirche.

Sexualität vor dem Hintergrund der Schöpfung oder nach Wunsch des Einzelnen sind die Alternativen auf Kollisionskurs. Selbst einige katholische Theologen meinen, man solle Sexualmoral durch Beziehungsethik ersetzen. Subjektives Wohlfühlen träte dann an die Stelle objektiver Regeln. Moral wäre nicht länger das Tor für alle zur Akzeptanz, sondern das Individuum der Schlüssel zur Ethik.

Eine Falle: Geschlechtsoptionen

Wenn die Kirche von Mann und Frau spricht, meint sie damit die von Gott gegebenen Geschlechter. Einfache Menschen wie ich schauen bei Geburt ihrer Kinder einfach mal nach: die mit Penis sind für mich die Söhne, die ohne sind die Töchter, beides find ich super. Aber so einfach ist das nicht mehr.

Jetzt soll sich die Kirche mit denen befassen, die ihr angeborenes Geschlecht verleugnen. Emanzipatorisch handelt es sich um die Gleichberechtigung der Gleichheit vom Unterschied. Die d-Option[155] ist die Qual der Wahl. Mich überzeugt noch kein passendes Deutschwort für Gender Identity.[156] Sie sei die Empfindung vom eigenen Geschlecht, angeborene biologische Unterschiede werden bestritten, sie seien ein soziales Konstrukt. Tritt die Empfindung als Forderung auf, kann sie als Recht auf Selbstbestimmung des eigenen Geschlechts verstanden werden. Es könne vom angeborenen Geschlecht abweichen, sagen die Genderologen. Mehr noch, soll ein jeder das Recht haben, sein Geschlecht frei wählen zu können, auch täglich wechselnd, wie die Unterhose. Organe werden zur Illusion – oder entfernt.

Auch hier geht es – wie bei den Synodalen bezüglich des Frauenpriestertums – um das angebliche Recht auf etwas anderes als das, was Gott bereits entschieden hat, man will keine Vorsehung.

Einige Staaten sind dieser Forderung bereits nachgekommen, in Deutschland müssen Arbeitgeber eine freie Stelle für die Geschlechtsoptionen m/w/d ausschreiben, „d" steht für „divers", eine Geschlechteridentität, deren Angehörige sich au-

---

[155] d steht für divers

[156] Das Wort ist nur wiederentdeckt, Robert Stoller hat es 1964 entworfen

ßerhalb der Mann-Frau-Polarität sehen.[157] Auch die DBK folgt der zeitgeistlichen Stellenausschreibung.

Jeder Mensch, ob Mann oder Frau, muss seine
Geschlechtlichkeit anerkennen und annehmen
Katechismus der Katholischen Kirche, 2333

Ich habe vier Töchter und einen Sohn. Die Großen wissen, was LGBTQIA+ ist. Soll ich denen etwa sagen: „Ihr seid jetzt erst mal Mädchen, und du, du bist vorläufig mal ein Junge – aber ihr könnt euch ja noch anders entscheiden"? Haben Sternberg und Stetter-Karp ihren Kindern und Enkeln dieses Angebot gemacht? Wie kann man aus dem Schicksal derer, die tatsächlich unter ihrer fehlenden Geschlechtsidentität leiden, eine Hochschuldisziplin unter der Domäne der Emanzipation und eine Wahlmöglichkeit für unsere verwirrten Kinder machen?

Kumulieren wir die vier Reformziele, müssen wir eines Tages auch eine Tucke auf dem Stuhl Petri hinnehmen: Das Angelus aus dem roten Mund einer Piepsstimme mit behaarter Silikonbrust.

Katholiken, wollt Ihr das?

Verstehen die Gläubigen die Sexualmoral nicht mehr?

Nicht nur Overbeck behauptet, die Gläubigen verstünden das alles nicht mehr. Geht es denn ums Verstehen oder ums Akzeptieren, wenn man als Katholik unkatholisch lebt? Gemessen an der Bevölkerungsentwicklung nach der Zulassung der Antibabypille ist Papst Paul VI mit seinem Pillenverbot

---

[157] Gem. § 2 Allgemeines Gleichbehandlungsgesetz

gescheitert. Aber kann das Maß des Gehorsams Maßstab für die Regel sein?

Regelverstöße führen generell nicht zur Regelbeseitigung. Sonst wäre auch die Wahrheitspflicht vor Gericht obsolet, weil Parteien und Zeugen im allgemeinen lügen. Regeln sind Ansporn für die Realität, nicht ihr Spiegel, und deshalb gerade nicht entbehrlich. Als Jesus die Unauflöslichkeit der Ehe verkündete, erschraken die Jünger und sagten: Dann ist es nicht gut, zu heiraten (Mt 19, 10). Den Aposteln ging es wie uns, sie hatten Angst vor dem Endgültigen, aber Jesus diskutierte nicht mit ihnen, er gab ihnen eine Regel für die Ewigkeit. Nicht der Mensch ist das Maß der Kirche, sondern Christus.

Auch bei diesem Veränderungswunsch können sich die Synodalen nicht ersparen, sich mit den biblischen Themen zu beschäftigen anstatt alles über den Kamm des Zeitgeistes zu scheren. Gott lehrt „Liebet und mehret Euch" Fn: Gen 1, 27), und nicht „Liebet und mehret Euch, wann es Euch passt" oder „Liebet den einen und mehret Euch mit dem anderen".

Stets muss auch berücksichtigt werden, dass die Kirche – anders als die Gesellschaft und ihre Individuen – nicht frei verfügen kann über die Regeln der Sexualität, denn in einer gottgestifteten Religion gibt es unumstößliche Gesetze.[158]

Die synodale Walze macht Kirche zu einem barrierefreien Angebot, dass jedermann mit sündhaften Vorhaben und breitem Grinsen vor Christus tragen könne.

---

[158] Nur der Rheinländer sieht mal wieder einen Ausweg: Streng in der Regel, mild in der Anwendung

Wiederverheiratete Geschiedene

Ein Sonderfall außerhalb der katholischen Sexualmoral sind die wiederverheirateten Geschiedenen. Sie sind von den Sakramenten der Ehe, Buße und Kommunion ausgeschlossen. Da sie die Sakramente der Taufe und Firmung bereits erhalten haben und die Priesterweihe für diese Betroffenen nicht in Betracht kommt, haben sie in ihrem Leben nur noch das Sakrament der Krankensalbung zu erwarten, oft erst auf dem Sterbebett. Die zu diesem massiven Strafkatalog führende Zäsur in ihrem Leben ist die erneute Eheschließung. Natürlich nur die standesamtliche. Dass nicht schon die Scheidung der katholisch geschlossenen Ehe zum Ausschluss der Sakramente führt, ist dogmatisch bedingt: Nach katholischem Verständnis hat Gott den Ehebund besiegelt, und was Gott zusammengeführt hat, kann der Mensch nicht trennen. Das Nichtkönnen ist durchaus wörtlich gemeint. Auf dieser Grundlage ist die zivilrechtliche Scheidung vor einem weltlichen Gericht für die katholische Lehre bedeutungslos, weil sie die kirchliche Ehe nicht scheiden kann. Auch die standesamtliche Zweitehe ist als Eheschließung gemäß katholischer Vorstellung nicht wirksam, aber der so handelnde stellt sich mit diesem Akt sichtbar gegen sein Treuegelübde aus der kirchlich geschlossenen Ehe und dafür wird er von den Sakramenten ausgeschlossen.

Nicht wegen der steigenden Anzahl gescheiterter Ehen, sondern angesichts der massiven Folgen für den einzelnen aus einem Eheschicksal, das allenfalls der Beichtvater irgendwie ermessen könnte, der aber für die Betroffenen gerade nicht mehr erreichbar ist, wird die Sanktion von sehr vielen als besondere Härte empfunden.

Demgegenüber wird derjenige, der ein Kapitalverbrechen begangen hat, von keinem einzigen Sakrament ausgeschlossen, im Gegenteil, gerade er kann sich durch die Buße Erleichterung verschaffen.

Vor dem Hintergrund katholischer Barmherzigkeit erscheint mir diese ungleiche Behandlung unverhältnismäßig.

Die vereinzelte Zulassung zur Eucharistie macht die Situation für die anderen, die ausgeschlossen bleiben, nicht erträglicher. Barmherzigkeit sollte die Kirche schon in ihrem Kirchenrecht praktizieren, nicht erst in dessen Anwendung.

Bisher gelang es nicht, eine Lösung theologisch zu begründen. Denn die Sanktion trifft diejenigen, die gegen ein Sakrament, nämlich die Ehe, verstoßen haben, während derjenige unsanktioniert bleibt, der nicht gegen ein Sakrament, sondern lediglich gegen den Dekalog, etwa gegen das fünfte Gebot, verstoßen hat. Der Mörder empfängt, der wiederverheiratete Nichtmörder geht leer aus. Andererseits begeht der Wiederheiratete Ehebruch, mithin einen Verstoß gegen das sechste Gebot. Aus gegenwärtiger Lehre vollkommen konsequent und nicht angreifbar, aber für Betroffene unerträglich.

Angenendt[159] trägt in neuerer Zeit überraschende Erkenntnisse zu dem Thema bei.[160] Heutige Ehen würden aus romantischer Liebe geschlossen, so Angenendt, die den Himmel auf Erden versprächen. Das könnten sie aber nicht halten, weil menschengemacht, und deshalb würden so viele Ehen geschieden. Die Kirche möge daher über die Zulassung einer zweiten Eheschließung nachdenken.[161] Unter Verweis auf Joh 8,11 argumentiert er, Jesus verurteile den Ehebruch, aber ver-

---

[159] Arnold Angenendt, deutscher Priester, Kirchenhistoriker und Theologe

[160] „Ehe, Liebe und Sexualität im Christentum", Arnold Angenendt, Aschendorff Verlag, 2. Aufl. 2015, S. 232 ff.

[161] „Die Konsensehe ist die große Revolution", deutschlandfunk.de v. 22.2.2016

zeihe der Ehebrecherin.[162] Schlussfolgernd könnte man die Zweitehe zulassen, nachdem der Geschiedene Buße getan hat. Angenendts Idee und ihre Herleitung finde ich gut nachvollziehbar. Möglicherweise reichen die beschränkten kanonischen Möglichkeiten zur Ehe-Auflösung nicht aus.

Bereits im Jahr 1993 hatten sich die Bischöfe von Freiburg i.Br., Mainz und Rottenburg-Stuttgart an Rom gewandt. Sie baten zu erwägen, wie man dem Ungleichgewicht der Sanktionen gegenüber Sündern einerseits und wiederverheirateten Geschiedenen andererseits Rechnung tragen könne. Sie wurden von der Glaubenskongregation abgewiesen unter Hinweis auf Mt 10,1-12. Hier kollidieren tatsächlich fundamentalistisches Schriftverständnis mit Barmherzigkeit. Immerhin bietet der Ehepartner ja nicht die gleiche Gewähr des treuen Glücks wie Jesus es für den Priester in dessen ewiger Bindung ist. Es scheint billigenswert, an einen brüchigen Vertragspartner nicht länger gebunden sein zu wollen.[163] Ich erinnere die älteren Leser an die Worte des Divisionspfarrers des Zweiten Weltkriegs, Josef Maria Reuss, später Weihbischof in Mainz, der in den Fünfzigern seine Vorträge mit „Die Ehe als Problem und Aufgabe" titulierte.[164]

Beichtväter müssten ein Lied vom Leid der Eheleute singen können, denn ihnen wird vielfach das anvertraut, was der eine Ehegatte vom anderen niemals erfahren wird.

---

[162] aaO S. 235

[163] Bei den Wiederverheirateten liegt auch anders als bei Homosexuellen und Abenteurern nicht per se ein Verstoß gegen die Einheit von Lust, Liebe und Fortpflanzungswunsch vor

[164] Reuss plädierte für Geburtenregelung, trotzdem berief ihn Paul VI 1965, der dagegen war, in die Pillenkommission

Reformziel vier: Demokratie

Jesus ist unser König, nicht unser Ministerpräsident. Niemandem schuldet er Rechenschaft. Aber die göttliche Ordnung wird nicht allerorten akzeptiert, stattdessen ist er auch in der katholischen Kirche erkennbar: Der siechende demokratische Code. Er ist das Teufelssperma im Leib des Katholischen und droht, die letzte Bastion des Widerstandes gegen eine Kultur des Todes zu entwaffnen. Mit Abtreibung und Sterbehilfe entwickeln wir Demokraten uns zu Kannibalen und es scheint, als trete die Braut Christi ohne ihre Amtskirche den Kampf gegen diesen Zeitgeist des Todes an.

Denn so spricht der Herr: Nie soll es David an einem Nachkommen fehlen, der auf dem Thron des Hauses Israel sitzt
Jer 33,17

Dabei ist die Forderung nach Demokratie in der Kirche nur die Konsequenz aus dem Import der gesellschaftlichen Moralvorstellung, zu der auch die oben genannten Errungenschaften des Feminismus gehören. Anschließend kann dann auch kein Systemkonkurrent mehr den Reformtransport infrage stellen. Wie wichtig den Reformern die Demokratisierung der Kirche ist, zeigt ihr Regel-Ausnahme-Modell: Fast alle Fragen scheinen zulässig auf dem neuen Reformweg, mit Ausnahme der Frage nach der richtigen Organisationsform. Und die Legitimation? Leibhaftige Demokraten behaupten gern, die Staatsgewalt gehe vom Volke aus. Hört sich toll an, oder: der Mensch als Herrscher und Beherrschter zugleich? Ich bin in der deutschen Demokratie geboren und lange Jahre in ihr aufgewachsen und nach meiner Erfahrung darf ich alle Jahre wieder zwei Kreuzchen machen, das war`s mit meiner Volksmacht. Das ist weniger Einfluss als ein Emoji auf Hotelbewertungsportalen zu hinterlassen. Warum dieses langweilige Kreuzchen-Modell mit dem Lippenbekenntnis der Volksmacht so attraktiv sein soll, dass die Kirche es importieren möge, ist mir nicht klar.[165]

Die Organisationsform des Katholischen ist die Monarchie, denn unser Herr ist der König der Könige. Wegen des priesterlichen Zölibats ist sie keine Erbmonarchie, sondern, was den Stuhl Petri betrifft, eine Wahlmonarchie in Form der Theokratie. Monarchisch ist der Katholizismus nicht nur in spiritueller Hinsicht, denn Jesu Blut ist Königsblut im irdischen wie im himmlischen Sinn. Ersteres wird oft angezweifelt, weil die Stammlinie im Matthäus-Evangelium über König David und Abraham die von Josef ist, der nicht Jesu biologischer Vater war. Für Matthäus als Judenchrist war jedoch nicht die biologische, sondern die jüdisch-gesetzliche Abstammung entscheidend. Lukas geht in seinem Evangelium weiter zurück als Matthäus, über Adam bis Gottvater. So stammt auch Maria aus königlichem Geblüt, die biologische Mutter des Gottessohnes. Aslan[166] argumentiert dagegen rein genetisch: Josef sei ein Nachfahre des Davidssohnes Nathan, während Maria aus der Linie dessen Bruders Salomo entstamme. Gegenüber Aslans Schlüssen ist Vorsicht geboten. Er ist ein zum Islam Rückkonvertierter und hält den Messias für einen unter vielen, den die Griechen später zum Halbgott gemacht hätten,[167] den Apostel Jakobus für den leiblichen

---

[165] Klar ist aber, dass nirgends so viele Gläubige davonlaufen wie in Deutschland, obwohl wir gerade hier durch Konkordate bereits eine gewisse Kirchendemokratie haben, denn niemand wird hier allein durch päpstlichen Willen Bischof, wenn die übrigen deutschen Bischöfe das nicht wollen

[166] „Zelot", Reza Aslan, rororo, Hamburg 2015

[167] aaO S. 218

Bruder Jesu[168] und unterstellt den Evangelisten Kalkül. So habe Lukas die Geburt Jesu nach Bethlehem verlegt, weil der Prophet Micha die Geburt des Messias dort und nicht in Nazareth prophezeit habe.[169] Nur die These eines Rückkonvertierten, gewiss, dem sein Irrtum noch nicht bewiesen werden kann. Es deutet aber auch nichts darauf hin, dass Mohamed aus Mekka kam.

Die Hierarchie der Weltkirche ist die irdische Abbildung der himmlischen Ordnung. Die Ableitung ist seit dem Messias lückenlos, weil Jesus selbst den Aposteln zwölf Throne zugewiesen hat.[170] Eine Demokratisierung der Amtskirche könnte die himmlische Ordnung nicht anrühren, aber die irdische von ihr abkoppeln, letztlich auch zur Abschaffung des Papsttums führen.

Hierarchie heißt indes nicht, dass der Herr Priester und Bischöfe den anderen Gläubigen vorzieht, er hat sie lediglich zu ihrem Dienst berufen, um die Einheit von Mission und Kommunion zu gewährleisten.

Wenn Gott durch einen König Religion stiftet, dann ist die Organisationsform dieses Glaubens die Monarchie. Gleichzeitig ist sie Abbild der himmlischen Ordnung. Ergo ist sie eine Doppelmonarchie ohne Personenidentität, Jesus regiert im Himmel, der Papst auf Erden, aber stets im Namen des Herrn. Deshalb kann der Himmel keine Demokratie sein. Eigentlich nicht kompliziert.

Ein paar betonköpfige Westhirten wollen nun 1,3 Milliarden Katholiken weltweit mit einem anderen Herrschaftssystem im Namen des Volkes glückselig machen, ob die wollen oder

---

[168] aaO S. 30

[169] aaO S. 66

[170] Lk 5, 11

nicht. Gehorsam im Glauben[171] ist nicht ihre Sache gegenüber Rom, aber ihre Schäflein sollen jetzt bloß nicht blöken.

Wussten Sie, dass ein deutscher Bischof einen Eid auf die Landesverfassung ablegen muss[172], ein demokratischer Politiker im christlichen Deutschland aber keinen Eid auf die Bibel?[173] Ein Schelm, der Böses dabei denkt, dass beide vom deutschen Staat bezahlt werden. Das ist besonders prekär, weil die maßgebliche Vorschrift noch aus dem Dritten Reich stammt: Das Reichskonkordat v. 20.7.1933 verpflichtet die Bischöfe zur Loyalität, der Führer hielt ja nicht viel von der Kirche, und die deutsche Demokratie macht es dem Führer bis heute nach. Das Konkordat mit dem Freistaat Bayern stammt noch aus 1924, also aus der Weimarer Zeit, was es im Ergebnis nicht besser macht.

Die bischöfliche Eidesformel lautet „schwöre ich Deutschland und dem Lande … die Treue". Ich frage mich: Warum eigentlich?

Nur oberflächlich lässt sich die Kritik an der bischöflichen Eidespflicht entkräften etwa mit der Frage: „Was ist schlecht an der westlichen Demokratie?" Antwort: Im 2019-er Demokratie-Ranking des Economist nimmt die deutsche Demokratie keinen der vorderen Plätze ein.[174] Die allgemeinen Menschenrechte wie die Menschenwürde haben ihren Ursprung ohnehin nicht in der westlichen Demokratie, die Demokratie nimmt sie bloß als ihre eigene Frucht in Beschlag und vergisst deshalb bei keiner Gelegenheit, Freiheit und Demokratie in einem Atemzug zu nennen.

---

[171] Röm 16, 26

[172] Ein Imam übrigens nicht

[173] „Der Treueid der Bischöfe gegenüber dem Staat", Ulrike Marga Dahl-Keller, Duncker u. Humblot, Berlin

[174] eiu.com, abgerufen im März 2020

Es geht mir um die fehlende Rechtfertigung für die bischöfliche Treuepflicht gegenüber dem Staat, ein Unrecht, wenn es um Religionsfreiheit geht, aber auch um sein Recht, zwischen Herrschaftsformen zu wählen. Wie kann überhaupt ein Eid verlangt werden für ein System, dessen politisches Programm vier- oder fünfjährlich wechselt? Das passt nicht zum universalen Charakter der Kirche, die in Jahrhunderten denkt. Wenn in Barcelona ein Bischof auf die Monarchie schwüre, weil Spanien Monarchie ist, wäre er dann Monarchist und sein Mainzer Kollege Republikaner, weil der auf die republikanische Verfassung vereidigt wird? Wo ist für einen Bischof überhaupt die Notwendigkeit, sich auf ein demokratisches Herrschaftsmodell als das non plus ultra festzulegen, obwohl mehr als die Hälfte der Menschheit in einem anderen Modell lebt? 48,4% der Menschheit lebt in einer Demokratie, 51,6% aber nicht.[175] In dem politischen Erziehungsmodell unserer Reformbischöfe spiegelt sich natürlich auch ihr Überlegenheitsgefühl mit ihrer Idee der planetarischen Demokratie über Rom. Dabei ist es mit der Demokratie nicht anders als mit allem Weltlichen: Sie wird vorübergehen.[176] Und was wird dann aus einer durchdemokratisierten Kirche, die ohne ihren staatlichen Unterstützer dasteht?

Ein Argument gegen den deutschbischöflichen Treueeid gegenüber dem Staat ist mir besonders wichtig: die Freiheit der Kirche. Papst Franziskus mahnte beim Sankt-Peter-und-Paul-Fest am 29.6.2021 diese freie Kirche an.

Anders als bei einer Symbiose von Kirche und Staat findet erstere ihre Grenze an der angeblichen Religionsfreiheit, während die deutsche Politik die Kirche grenzenlos demokratisiert. Für

---

[175] Vgl. eiu.com, abgerufen im März 2020

[176] 80 % der Menschen im Westen sind nicht zufrieden mit der Art und Weise ihrer Regierung, Zukunft des Staates – Staat der Zukunft, Hans Ulrich Gumbrecht u. Scheu, Renè (Hrsg.), Reclam 2021, S. 105

den DBK-Vorsitzenden Bätzing ist dennoch die „Demokratie eine große Errungenschaft" und er meint, dass unsere Vorfahren hart um die Demokratie kämpfen mussten, „teils in konkreter Auseinandersetzung mit dem Christentum".[177] Mit dem Gegensatz von Demokratie und Christentum hat Seine Eminenz recht, denn Demokratie und Kirche wollen nicht recht zusammenpassen, aber man muss sich fragen: Ist dieser hohe Kirchenmann mehr Bischof oder Minister? Hat der Landes-Eid ihn gar mit dem Stockholm-Syndrom befallen? Seit einer Geiselnahme nach einem Banküberfall in Stockholm 1973 lässt sich beobachten, dass Geiseln sich sukzessive loyal zu ihren Kidnappern verhalten, ja, deren unmenschliches Verhalten sogar vor Dritten rechtfertigen. Fast erinnern mich die synodalen Symptome sogar an die Rotkäppchen-Version von Angela Carter, deren Protagonistin mit dem Wolf schläft und so nicht nur sich, sondern auch dem Untier das Leben rettet, während die großmütterlichen Knochen unter dem Bett vor sich hin klappern.[178] Solcherart führt der anbiedernde Geisel-Demos automatisch zur Sterbehilfe, wenn auch ohne den großmütterlichen Willen.

Demokratische Parteien aber richten ihre Programme grundsätzlich nicht danach, was gut fürs Land ist, sondern nach Umfragewerten. Das ist die Konsequenz aus der vier bis fünfjährigen Legislaturperiode und sogar unsere Verfassung schützt die Versprechenden, was übrigens nichts mit einem Sich-Versprechen zu tun hat. Denn obwohl die Menschen oft die wählen, die die verlockendsten Versprechungen machen, müssen die Abgeordneten gar nicht das tun, was sie den Wählern versprochen haben, „die Abgeordneten ... sind ... an Aufträge und Weisungen nicht gebunden ...", Art. 38 Grundgesetz. Für mich ist das legales Lügen per Grundrechtskatalog.

---

[177] „Es muss gelingen, als Gesellschaft zusammenzuhalten", domradio.de v. 15.6.2020

[178] The Company of Wolves, Angela Carter, Harper & Row, 1981

Mir scheint, unsere Reformbischöfe agieren mittlerweile nach dieser Façon, denn sie hüten nicht mehr wie die Hirten, die sie bei ihrer Weihe noch waren. Einer nach dem anderen durchläuft nach seiner Bischofsweihe eine innere Wandlung und fühlt sich an Unkatholisches statt Urkatholisches gebunden.

Jene deutsche Konstruktion der Berufseide, in dem der hippokratische Eid eines Arztes seit 2017 kein Abtreibungsverbot mehr enthält[179], man allerlei Juristen und Bischöfe aber auf die Verfassung vereidigt, die man anschließend beliebig ändert[180], ist wie ein Schwur auf ein nahendes Ende von Menschenhand.

Ende der Sukzession

Mit dem Banner der Volksherrschaft reiten die Deserteure gegen den Glauben, zu dem sie einmal gehörten. Betrunken vom Blut der Heiligen[181] fordern sie ein Total Reengineering, ein Begriff aus dem Organisationsmanagement, bei dem ein starker Nachholbedarf an Veränderungen im Unternehmen möglichst schnell behoben werden soll. Nach dem Willen der Reformer soll die Demokratie die Apostolische Sukzession ablösen. Demokratie ist aber nicht der Menschen Schicksal, auf das alles hinströmt. Denn dann wäre unser Weg im Westen ja schon zu Ende, obwohl es gerade hier eine Menge zu tun gibt. Nur die apostolische Sukzession garantiert die ununterbrochene Nachfolge Christi und der Apostel durch Papst und

---

[179] Die Neufassung ist das Ergebnis einer zweijährigen Arbeit des Weltärztebundes unter Leitung der deutschen Bundesärztekammer und muss entgegen der historischen Bezeichnung ohnehin von keinem Kandidaten mehr geleistet werden, sondern ist lediglich im Vorwort der ärztlichen Berufsordnung enthalten

[180] Während der Bürger überall an seine Loyalitätspflicht zum Staat erinnert wird

[181] Apokalypse 17,6

Bischöfe. Regelmäßige Wahlen und permanente Rechtfertigung von oben nach unten sind ein Fallbeil für die Sukzession.
Unser Schicksal ist die Endzeit, nicht die Demokratie.

Legitimation eines Machtwechsels?

Von „unumschränkter Macht der deutschen Bischöfe"[182] als
Missstand ist die Rede. Flache Hierarchien wünscht man sich
stattdessen und eine stärkere Mitbestimmung der Laien. Das
bedeutet: Weniger Macht den Bischöfen, mehr Macht den
Laien. Was daran besser sein soll, müssten die Reformer erst
mal darlegen und ich frage mich, worüber man als Laie in der
Kirche überhaupt herrschen will.

Was den Wunsch nach flachen Hierarchien angeht, so bietet
die evangelische Kirche beste Voraussetzungen mit ihrer angeblich fehlenden Hierarchie: Superintendent, Probst, Dekan,
Bischof zählen allesamt bloß als Varianten eines Pfarrers je
„mit besonderem kirchenleitenden Aufgabenkreis", alle diese geistlichen Ämter sollen sich aber nicht in einer hierarchi-
schen Ordnung befinden. Auch die Leitungsgremien sind demokratisch verfasst: Die Dachgesellschaft von 20 lutherischen,
reformierten und unierten Kirchen sind in Deutschland unter
dem Dach der Evangelischen Kirche in Deutschland, EKD,
verbunden, der gemeinsame Aufgaben übertragen sind. Die
EKD handelt durch ihre Organe Synode, Rat und Kirchen-
konferenz. Deren Mitglieder werden gewählt. Hier wird klar,
dass der Protestantismus den republikanischen Geist fördert,
aber sicher nicht die apostolische Sukzession.

Demgegenüber bekennt sich die Katholische Kirche zu folgender Hierarchie: Diakon, Vikar, Kaplan, Pfarrer, Dekan, Weih-

---

[182] Zitat ZdK-Präsident Sternberg

bischof, Bischof, Erzbischof, Kardinal, Papst.[183] Ein jeder weiß da, wo sein Platz ist.

Warum von zahlreichen Machtsystemen ausgerechnet die Demokratie in der Kirche tonangebend sein soll, wird nicht gesagt. Offenbar geht man wie selbstverständlich davon aus, dass ein Mehrheitsprinzip das beste aller menschlichen Ordnungsgebilde sei. Das kommt bei vielen gut an, die so bequem sind, das für gut zu halten, was man ihnen vorsetzt, aber die Frage ist: Warum bewerben einige gerade die Demokratie als Exportschlager der Deutschen, obwohl sie die Probleme nicht mehr zu lösen vermag? Müssten sie nicht gerade jetzt darlegen, warum ihr Systemfavorit nicht zu den staatsbürgerlichen Irrtümern der Geschichte gehört? Im Himmelreich gibt es jedenfalls keine Demokratie oder glauben die Synodalen, Gottvater und Gottsohn diskutieren den Entwurf ihres Plans für die Welt und stimmen am Ende zusammen mit allen Heiligen ab, was zu tun ist? Sollte nicht Kirche irdisches Abbild des Himmelreiches sein, so, wie das irdische Jerusalem dort oben sein Vorbild hat? Die Menschen wollen eine gute Regierung. Von der Macht des Volkes ist Anno Synodali aber nur eine Wahlzetteldemokratie übrig geblieben.

In ihrem schleimigen Aggregatzustand tränkt sie die fruchtbaren Reben in ekligem Schleim und zeugt gehorsame Bürgergläubige in einer grauen Ordnung ohne Spiritualität. Ihr Pestizid ist der Ausschluss jener vom Diskurs, die anderer Meinung sind als sie selbst. Wer seine Meinungsfreiheit in Deutschland gegen Wackel-Dackel-Ja-Sager wahrnehmen will, muss sich ständig rechtfertigen. Müssen nicht umgekehrt die Kirchendemokraten den angestrebten Machtwechsel legitimieren, sind sie selbst doch nur eine Erbse im Universum der Weltkirche?

---

[183] Katechismus der Katholischen Kirche 1554

Mit Stirnrunzeln wundern sie sich, dass man nach der Legalität ihres Herrschaftsmodells fragt. Dabei ist schon die Behauptung von der Legalgeburt der westlichen Demokratie eine Lüge. Die deutsche Republik ist aus keinem anderen Unrecht geboren als die meisten anderen Herrschaftsformen: Rd. 130 Jahre nach dem Pariser Königsmord[184] wurde 1918 die Republik von einem Berliner Balkon schlicht ausgerufen, nachdem Max von Baden quasi aus eigenem Recht die Abdankung des Kaisers proklamiert hatte, damit müssen wir – mit einer Unterbrechung, die noch schlimmer war – bis heute leben. Von „konstituieren", wie es in deutschen Lehrbüchern oft heißt, kann überhaupt keine Rede sein. Niemand wurde gefragt, ob er das möchte, jedenfalls nicht das Volk. Ist das legal? Wollen die synodalen Bischöfe darauf ihre Chiesa Nostra bauen? Dann her mit dem Balkon!

Nicht weniger fragwürdig ist die Berufung auf 1789. Freiheit, Gleichheit und Brüderlichkeit waren nie Tatsachen, sondern allenfalls ein Programm, bei dem Köpfe rollten. Beachtlich für den Reformerteil des deutschen Klerus ist der Bezug auf die Aufklärer der Französischen Revolution, nicht aber auf die Aufklärung des Kirchenlehrers Augustinus, auf die sich die Aufklärungs-Franzosen wiederum beriefen. Die Wende hielt eh nicht lang: Wie bescheuert muss man sein, einen König zu köpfen, um kurz darauf einen Kaiser[185] zu krönen?

„Ich flehe euch an, bei den Leiden Christi,
zieht in Betracht, ob ihr euch nicht irren könntet"
Oliver Cromwell 1650 an die Kirche Schottlands,
alles erdenkliche zu prüfen, bevor sie etwas
Unwiderrufliches unternähme

---

[184] Ludwig XVI aus dem Haus Capet wurde 1793 durch die französischen Revolutionäre hingerichtet

[185] Bonaparte

Kausalität

Als Ursache der Misere Missbrauch machen die Reformer Defizite in den Strukturen aus, Hauptfeind aber ist der Zölibat, denn der habe den Missbrauch verursacht.

Selbst in seiner Satzung bringt der Synodale Weg seine Reformziele in unmittelbaren Verursachungszusammenhang zum Missbrauch, in Art. 1 Absatz 1 werden die vier Reformziele benannt, in Absatz 2 der sexuelle Missbrauch. Im Umkehrschluss könne man die Ausgetretenen zurückholen, wenn man die Austritts-Ursachen beseitige.

Der kalkulierte Irrtum liegt in der Verbindung des Übels mit dem Ungewollten.

Sexueller Missbrauch ist ein Problem, ein sehr großes, zuerst für die Opfer, dann für die Kirche und im Grunde für uns alle. Aber wer permanent das Problem skandiert, bringt nicht automatisch dessen Lösung mit. Gerade das laute Auftreten mit dem Versprechen, man könne den Knoten lösen, macht mich misstrauisch. Mein Misstrauen wächst, wenn Reformer ihre jahrzehntelang gehegten Reformziele plötzlich mit einem Thema verknüpfen, das jeden gerecht Denkenden wütend macht. Dann entsteht leicht die öffentliche Meinung, dass jemand, der die Reformpläne nicht teilt, den Missbrauch nicht als Problem betrachtet.

Die Verknüpfung von Zölibat und Missbrauch ist eine Vorverurteilung der priesterlichen Lebensform.[186] Sie ist wissenschaftlich nicht nachgewiesen, kommt aber bei einem unkritischen Publikum gut an. Dem Missbrauch der Missbrauchten folgt der Missbrauch der Missbrauchs-Studie. Was für ein Coup!

---

[186] Genauso wenig ist die Kausalität von Missbrauch und Kirchenaustritten untersucht, geschweige denn nachgewiesen

Lassen wir den zu Wort kommen, der sich seit langem professionell mit dem Thema beschäftigt. Erzbischof Scicluna war unter drei Päpsten seit 2002 Missbrauchsbeauftragter des Vatikan. Johannes Paul II setzte ihn ein, Benedikt XVI ließ ihn im Amt. Unter Papst Franziskus beschrieb er auf dem vatikanischen Kinderschutzgipfel, welche Konzepte zur Bekämpfung des sexuellen Missbrauchs bereits erfolgreich seien: Die Übermittlung von Verdachtsfällen an die Glaubenskongregation, die Einrichtung von Kinderschutzkommissionen in den Bistümern, Auswahl von qualifizierten Richtern und Staatsanwälten für die Kirchenstrafgerichte, Opfer treffen, Stärkung des Opfers im Kirchenprozess, Ernennung eines Opferschutzverantwortlichen, der die Betroffenen über den Verfahrensverlauf informiert, Information der Gemeinde über den Prozessausgang durch den örtlichen Bischof und sorgfältige Priesterauswahl.[187] Kausal für den Missbrauch sei nicht der Zölibat, sondern die Fehlbarkeit des Menschen innerhalb wie außerhalb der Kirche, so Scicluna.[188]

Das synodale Kausalitätsdreieck enthält noch einen weiteren Eckpunkt: Die Kirchenaustritte. Der Zölibat habe den Missbrauch und dieser die Kirchenaustritte verursacht. Obwohl das bloß eine These ist[189], hat sie für den Synodalen Weg den unübersehbaren, aber oft übersehenen Vorteil, dass dieses neokatholische Kirchenparlament nur den Zölibat aus dem schwarzen Dreieck entfernen muss, um es aufzulösen.

---

[187] „Erzbischof Scicluna: „Wir Bischöfe müssen das Kreuz der Opfer tragen", Vaticannews.va v. 21.2.2019

[188] „Missbrauchsbeauftragter des Vatikans: `Zölibatäre sollten gelernt haben sexuelle Impulse zu kontrollieren`", focus.de v. 2.3.2013

[189] Und eine nachweislich falsche dazu, denn der Austritt in Massen hat nicht nach 2010, dem Bekanntwerden des Missbrauchs, begonnen, sondern in den Fünfziger Jahren des 20. Jahrhunderts und dann nochmal nach dem Zweiten Vatikanum und seither setzt sich ungehindert fort

Über die Austrittsgründe haben weder die katholische noch die evangelische Kirche jemals eine Studie in Auftrag gegeben. Bemerkenswert ist auch, dass die Verbliebenen nie gefragt wurden, warum sie noch da sind. Spekulieren die Reformer damit, sie könnten mit ihren Zielen mehr Ausgetretene zurückholen als Verbliebene vertreiben?

Die ganze Dimension synodaler Verlogenheit aber offenbart sich in etwas anderem: Während die DBK die Kausalität des Zölibats für den sexuellen Missbrauch herunterbetet und sich bei der konsequenten Reform seiner Aufhebung an die evangelische Kirche schmiegt, die seit Luthers Nonnenhochzeit keinen Pflichtzölibat hat, dachte die Evangelische Kirche in Deutschland bisher nicht einmal an die Erstellung einer eigenen Studie zu den Missbrauchsfällen in ihrem Haus, von Lippenkenntnissen einmal abgesehen. Dabei haben unabhängige Forscher ermittelt, dass die Anzahl der Missbrauchsfälle in der Evangelischen Kirche denen in der katholischen Kirche in nichts nachsteht. Selbst nach dem mitgliederverlustreichsten Jahr 2019 führt die Evangelische Kirche in Deutschland die Kirchensteuer und die fehlende Relevanz der Kirche für das Leben der Mitglieder als Gründe an, warum sollte es bei der katholischen Kirche anders sein, nur, weil die den Zölibat hat? Missbrauchs-Aufbereitung statt Missbrauchs-Aufarbeitung, die Kausalitätslegende war geboren. Ein Feuer zu legen hilft bekanntlich, einen Eimer Wasser zu verkaufen.

Am 20.1.2020 begann beim Landgericht Freiburg der Strafprozess gegen einen evangelischen Mitarbeiter wegen des Vorwurfs des sexuellen Missbrauchs in 330 Fällen in den Jahren 2010 bis 2018, das sind immerhin 36 Fälle p.a. oder 3 Missbrauchsdelikte monatlich. Die Reihe ist lange fortführbar. Missbrauch ist auch in der evangelischen Kirche kein Einzelfall.

Weil protestantischer Missbrauch ebenso häufig ist wie katholischer, scheint der Zölibat als Ursache völlig ungeeignet. Dennoch argumentieren Synodale stets so als hätten sie exklusiven Zugang zur Opferidentifikation, denn Opfer sind grundsätzlich in der Position des Rechts, derer sich der Reformer dann selbst geriert.

Auch das System Kirche soll den Missbrauch verursacht haben. Die Missbrauchsquote in anderen Systemen[190] – und hier leuchtet auch das System Demokratie hell auf – ist jedoch ungleich höher, weshalb unsere Reformer einmal erklären müssten, wieso das System Kirche für den Missbrauch kausal sein soll, das System Demokratie aber nicht.

Die Kirchenkrise ist nicht in erster Linie verursacht von mangelndem Vertrauen. Der Münchner Theologe Andreas Wollbold vertritt die Auffassung, die Krise sei eine Glaubenskrise, verursacht durch ein verändertes Gottesbild. „Die Kirche hat ihre Sendung verloren", der mit allen Mitteln ausgewichen werde.[191] Bischof Oster spricht aus der Sicht vieler Gläubigen als von der „grundsätzlichen Abwesenheit Gottes".[192]

Keine Frage ist dagegen, dass der Missbrauch für die Opfer die Hölle war und ist. Auch jetzt, da Sie diese Zeilen lesen, geschieht Missbrauch außerhalb und innerhalb der Kirche. Aber die Kirche ist kein Hort des sexuellen Missbrauchs, in dem man sein Kind nicht mehr Priestern und Bischöfen anvertrauen kann. Und es sind seit 2010 imponierende Anstrengungen unternommen worden: Interventions- und Präventionsrichtlinien, externe Ansprechpersonen, Fortbildung für

---

[190] Betrachtet wurden das Schulsystem, das System Sportverein u.a.

[191] „Pastoraltheologe Wollbold: Kirche hat ihre Sendung verloren", die-tagespost.de v. 27.11.2019

[192] „Bischof Oster warnt vor bloßem Humanismus der Nettigkeit", catholicnewsagency.com v. 31.1.2020

Konflikt- und Kritikfähigkeit, Einführung einer wertschätzenden Kommunikationskultur, Programme zur Grenzwahrung, Beratungsstellen.[193] Sowohl potentielle Täter als auch potentielle Opfer werden in Aufbaulehrgängen auf Erkennen und Vermeiden wie auf Monitoring geschult. Selbst, wenn jemand Katechet werden möchte, muss er einen Präventionskurs durchlaufen. Und es scheint zu funktionieren, denn die Missbrauchszahlen sinken rapide.

Dennoch schaffen es die Synodalen, ihre Finger in eine fingierte Ursache-Folge-Lüge zu legen: ein importiertes Sätzchen aus der MHG-Studie.[194]

---

[193] canisius.de, Stichwort Aufarbeitung und Aufklärung

[194] Siehe hierzu das Kapitel *Missbrauch, Studien, Schmerzensgeld*

Die selbsternannte Versammlung:
Synodaler Weg

Zum Auftakt der ersten Sitzungsperiode des Synodalen Weges[195] mache ich mich auf nach Frankfurt am Main. Hier soll
symbolträchtig im katholischen Kaiserdom Sankt Bartholomä
die Versammlung tagen. Eine Messe soll vorausgehen. Ich
möchte die Atmosphäre erleben und wissen, wie katholisch
unsere Reformhirten sind.

Als ich am Domplatz ankomme, ist vom Kirchenvolk niemand
da. Passanten, die ich frage, weisen mich unsicher in eine andere Richtung. Nach wenigen Gehminuten stehe ich vor dem
nebulös beschriebenen Gebäude und entdecke die Aufschrift:
„Evangelisches Tagungszentrum".[196] Weil ich mich auf der falschen Baustelle wähne, frage ich zur Sicherheit nochmal nach.
Eine rauchende Frau mit asymmetrischem Kurzhaarschnitt
und zwei Haarfarben, rahmenloser Brille, Collegeschuhen und
einem Herrenpulli sieht mich sehr verbindlich an. Auf Brusthö-
he der rauchenden Anti-Maria prangt ein Schildchen mit Dop-
pelnachnamen. „Ja, da drin tagen wir, was dagegen?" dröhnt
mir der Bass entgegen. Das Lächeln macht mir Angst und das
Lied von der Glocke fällt mir ein: „… Und Würgerbanden ziehn
umher, da werden Weiber zu Hyänen, und treiben mit Entset-
zen Scherz, noch zuckend, mit des Panthers Zähnen, zerreißen
sie des Feindes Herz …".[197] In einem Punkt bin ich den Synodalen allerdings ganz ähnlich, denn auch ich habe Visionen: Wie
sie die Köpfe der Traditionalisten nach der letzten Synodalversammlung auf der Frankfurter Staufenmauer aufspießen.

---

[195] Synodalversammlung v. 30. Januar bis 1. Februar 2020

[196] Synodale Wandlung Nummer drei

[197] Das Lied von der Glocke, Friedrich Schiller, 1880

Die Femme terrible gehört also zum Synodalen Weg und tatsächlich finden die katholischen Versammlungen hier bei den Protestanten statt, die ein ehemaliges Dominikanerkloster übernommen haben.[198] Da ist er, der Genius loci[199], an dem andere durch Voten über die Lebensform unserer Priester entscheiden sollen, während Nichtpriester ohne Votum nach ihrer persönlichen Facon glückselig werden können. Wenn dieser Irrweg nicht so tragisch wäre, ich müsste lachen.

Sechs Minuten Fußweg von der Paulskirche[200] entfernt war es den Synodalen dann doch wert, ein noch deutlicheres Zeichen zu setzen. Nicht aber, weil der katholische Dom „wegen Überfüllung geschlossen" war, die offizielle Begründung der Heilsbringer hieß: „Bauarbeiten im Dom". Das konnten die Synodenväter bei der Planung natürlich nicht wissen, ein Glück, dass 230 Delegierte plus Beobachter und Presseleute von hier auf jetzt einen Platz im Evangelischen Tagungszentrum erhielten, aber Wunder gibt es immer wieder. Ob sie Miete zahlen? Übrigens: Auf der Seite synodalerweg.de war später von evangelischem Tagungszentrum keine Rede, hier hieß die Bildunterschrift kurz „im Dominikanerkloster". Das hört sich immer noch katholisch an.

Legitimation: Streng vertraulich!

Die Synodalen haben recht: Eine solche Veranstaltung hat es noch nie gegeben. Das allein macht sie weder gut noch schlecht, und ihre Einordnung wirft Probleme auf, insbe-

---

[198] Jetzt Tagungszentrum des Evangelischen Regionalverbandes

[199] Geist des Ortes

[200] Hier tagten 1848 die ersten deutschen Republikaner, ein symbolträchtiger Ort für solche, die Demokratie für eine Heilige Kuh auch in der Kirche halten

sondere, weil die Trennlinie zwischen Sensenmännern und Blauäugigen häufig unscharf bleibt. Synodaler Weg ist nicht nur eine Neuschöpfung des Wortes, sondern auch des Systems. Nennen wir es konstituierend, so als hätte es vorher nichts gegeben, keinen Glauben, keine Kirche, kein kanonisches Recht.

Ich frage mich, warum die Synodalversammlung 230 Mitglieder hat, nicht 250 oder 500 oder gar 1.000. Da die Initiatoren wie so oft keine Antwort liefern, mutmaße ich, ob es Zufall ist, dass das ZdK ebenfalls 230 Mitglieder zählt und dass die Zahl 230 der Anzahl der Jahre zwischen dem Beginn der Französischen Revolution und dem Beginn des Synodalen Wegs entspricht. Komplexer wird es, wenn man den Quotienten der Anzahl der deutschen Katholiken[201] und der Anzahl der Synodalabgeordneten[202] nimmt: 100.000. Das einhunderttausendste Wort in der hebräischen Bibel lautet übersetzt: „erzürnen", 1 Samuel, 1,6. Das ist natürlich alles Quatsch und ich möchte meine Spekulationen nicht fortsetzen, denn auf solche schrägen Ideen kämen allenfalls die Freimaurer und das sind doch Geheimbündler, oder?

Da sowohl die synodalen Gesprächsthemen als auch deren Beschlüsse alle angehen, stellt sich die Frage nach der Legitimation der 230, also eine irgendwie hergeleitete Berechtigung, sich für zunächst 23 Millionen deutsche und anschließend für 1,3 Milliarden Katholiken weltweit zu gerieren. 69 sind Bischöfe[203], für eine Synode sind sie ohne weiteres legitimiert. Bleiben 161 Nicht-Bischöfe, darunter Priester und solche, die es gerne wären, aber nicht zölibatär leben, sondern als Laien hinter dem Altar stehen wollen, die meisten also Laien. Legi-

---

[201] 23 Mio.

[202] 230

[203] Diözesan-, Weih- und emeritierte Bischöfe der 27 deutschen Diözesen

timation durch Geburt scheidet aus. Der Gedanke liegt allerdings nicht so fern wie es scheint: Mangels Wahl bei der Vorbesetzung der Synodalforen haben sich die Synodisten bereits von der Demokratie entfernt. Auch der Heilige Geist scheint sie nicht berufen zu haben, im Gegenteil, da wir IHN vor allem in Seinem Wirken erkennen würden.

Tatsächlich lautet die Rekrutierungsmethode: Ernennung. Im Englischen heißt es *appointment*, ein bereits legitimierter bestimmt einen bisher nicht legitimierten zu Mitarbeit und Macht. Man könnte überrascht sein, dass Marx und Sternberg aus den über 20 Millionen Glaubensgeschwistern nur ganz bestimmte Brüder und Schwestern nach Frankfurt holen. Selbst Kopf oder Zahl wäre noch fairer gewesen als die Selektion von Opportunisten. Tatsächlich bestimmte man die Teilnehmer qua Guillotine, vertikal von oben nach unten nach einem geheimen Casting *sub rosa* – streng vertraulich, aber reformkonform. Erst zu einem sehr späten Zeitpunkt vor Sitzungsbeginn wurde die Liste mit den ernannten Teilnehmern auf der eigenen Homepage publiziert. Jetzt freuen sie sich in gespielter Überraschung über den Respekt, den man sich auf der Versammlung entgegenbringt. Dabei ist es kein Wunder, dass das große Denkmuster absolut homogen ist unter dem Gros der 230. Die entstehende Gruppendynamik der Frankfurter Zellen braucht keinen Konformitätszwang, deshalb entsteht der Presseschein der einmütigen Synodenwelt, in der sich alle so aufrichtig zuhören. Gelenkte Kommunikationsströme werden in Macht umgesetzt, um mit Jürgen Habermas[204] zu sprechen, ein uralter Trick, aber offenbar funktioniert er noch immer, nicht einmalig, aber scheinheilig. Den methodischen Ansatz „Auswahl nach Verdienst" wandte schon der Jakobinerclub nach 1789 an. Durch die permanente Argumentation rund

---

[204] Jürgen Habermas, Theorie des kommunikativen Handelns, suhrkamp taschenbuch wissenschaft, Berlin 2011

um Priester und Zölibat erhält der Ernannte schon thematisch einen merito-sakralen Charakter. Die neue Priesterkaste handelt durch Voten[205], vergleichbar mit einem Konklave, aber damit endet die Ähnlichkeit, denn in der Sixtina geht es um die Beendigung der Sedisvakanz, im Evangelischen Tagungszentrum umgekehrt um die Entmachtung des Stuhls Petri.

Tonangebendes Organ ist die Synodalversammlung, das Wort bezeichnet mithin das Organ als auch das Zusammenkommen seiner Mitglieder.

Zusammensetzung

Die Synodalversammlung hat 69 Bischöfe, 69 ZdK-Mitglieder, 10 Vertreter der Orden, 27 Vertreter der diözesanen Priesterräte, 15 junge Menschen bis 30 Jahre, davon mindestens 10 weibliche, die nicht dem ZdK angehören, aber benannt vom ZdK (sic!), 4 Ständige Diakone, 4 Vertreter der Pastoralreferenten, 4 Vertreter der Gemeindereferenten, 3 Vertreter des Katholisch-Theologischen Fakultätentages, 3 Vertreter aus Neuen Geistlichen Gemeinschaften, 2 Generalvikare, bis zu zehn deutsche katholische Männer und Frauen, zu benennen von der DBK und bis zu zehn zu benennen vom ZdK.[206] Missbrauchsopfer sucht man jedoch vergeblich im Plenum, sie sind laut Satzung auch nicht vorgesehen.[207]

Bischöfe machen weniger als 30% der Versammlung aus, Laien sind in der Überzahl gegenüber allen Geistlichen zusammen. Der deutsche Kurienkardinal Gerhard Ludwig Müller

---

[205] Art. 3 Ziff. 2 der Satzung des Synodalen Weges

[206] Satzung des Synodalen Weges, Art. 3

[207] Möglicherweise ist zufällig ein Betroffener unter den „15 jungen Leuten" der Synodalsatzung, Art. 3 Absatz 1 Buchstabe e

stellt zutreffend fest, „dadurch würde die sakramental erteilte Vollmacht der eigenen Bischöfe außer Kraft gesetzt".[208]

Offiziell machen Frauen einen Anteil von 25% aus, das sind 58 Frauen von den 230 Teilnehmern.

Bei Anpassung: Redefreiheit

Als die Aufmerksamkeit der Presse vorbei war, entschied das erweiterte Synodalpräsidium, dass Minderheitsmeinungen nicht mehr berücksichtigt werden. Durchwinken ist die Methode der Synodalforen, nicht Diskussion. Wer nicht mitzieht, bleibt neuerdings ausgeschlossen.

Auch die begrenzte Redezeit von einer Minute pro Mitglied[209] unterwirft die Traditionalisten der erdrückenden Synodaldominanz: Wenn nur 15 Kritiker und Gegner der Reformziele dagegen sprechen, aber 215 dafür, beschallen die Reformer die Opposition über dreieinhalb Stunden, während ihre Kontrahenten gerade mal eine viertel Stunde sprechen können. Dieser kleinlich-emanzipatorische Aktivismus der frömmelnden Cartelle verlangt von der wahren Kirche angepasstes Verhalten.

Königsmörder und Jakobiner

Sie beschwören ihn nicht nur, er kommt tatsächlich aus der Französischen Revolution: Der Geist des Synodalen Wegs. Kirche wird mit Monarchie assoziiert, einer Autorität, die man beseitigen will, weil sie der universalen Gleichmacherei

---

[208] „Parallele zum Ermächtigungsgesetz", domradio.de v. 4.2.2020

[209] Zwar beginnt die Versammlung mit einer 3-minütigen Redezeit, die aber wegen des straffen Zeitplans meist auf 1 Minute gekürzt wird

im Weg steht. Ihr Priesterkult wird als Provokation empfunden. Es gewinnen die Angreifer in dem Augenblick an Fahrt, da die Autorität zu schwächeln scheint.[210]

Dass dem Französischen König[211] am Vorabend seiner Hinrichtung 1793 der Empfang der Kommunion verboten wurde, geht für die aufgeklärten Kleriker wohl in Ordnung, weil sie die Sakramente als ihre persönliche Schatzkammer betrachten, aus der sie eigenmächtig weggeben oder behalten können. Dabei können sie sich als selbsternannte Pazifisten bequem nur auf die Errungenschaften der Revolution berufen, ohne sich selbst mit dem Erringen zu beschmutzen, denn Mord und Terror haben die Jakobiner ja bereits erledigt. Auf diese Weise profitieren die demokratischen Besserwisser von den Delikten der anderen, ohne selbst Delinquenten zu sein. Ist es ihnen egal, dass 1793 nicht nur dem König, sondern ganz Europa die Kommunion entrissen werden sollte? Der Capetinger hielt sich nicht an das Verbot, lang lebe der König!

Tatsächlich hatten Ludwig XVI und Jesus von Nazareth drei Dinge gemeinsam: Sie waren Könige, strenggläubig und sie starben keines natürlichen Todes. Nach dem Fall der Monarchien und der Einkehr des Atheismus setzt sich jetzt auch das dritte Standbein von 1789 durch Abtreibung und Euthanasie in der westlichen Demokratie durch.[212] Ludwig war Opfer der Französischen Revolution, auf die sich Sternberg so vehement berief. Der Nazarener wurde Opfer derer, deren Glaube nicht stark genug war an einen, der als König keine Soldaten führte.

---

[210] Nach Rückkehr von seinem römischen Antrittsbesuch versicherte der neue DBK-Vorsitzende Bätzing, er habe die Unterstützung des Papstes. Rom berichtete nichts. Möglicherweise wird das römische Schweigen als solche Schwäche verstanden, aber da sollte man sich nicht vertun

[211] Ludwig XVI aus dem Haus Capet

[212] Durch Abtreibung und Euthanasie

Kurz nach seiner ersten Sitzungsperiode platzt das päpstliche Lehrschreiben zur Amazonas-Synode in den Synodalen Weg: Am 12. Februar 2020 veröffentlicht der Vatikan die Entscheidung des Papstes zu den Empfehlungen der Bischöfe. Ergebnis: Weder Frauenordination noch Priesterehe.

Und der damalige ZdK-Chef hat eine Sternstunde: Anstatt Gehorsamkeit zu üben, spricht er Seiner Heiligkeit den Mut ab, Reformen einzuleiten.[213] Zeiten des Nebels bergen immer das Risiko, dass auch kleinste Lichtblicke falsch gedeutet werden. Aber dem Papst Mut abzusprechen, hieße: Seine Heiligkeit sei feige. Dass ein vergleichsweise unbedeutender Vereinsvorsitzender aus dem Münsterland dem Pontifex der Weltkirche ein solches Attribut verleiht, ist unerhört, umso größer die Verwunderung, dass es keine Konsequenzen hatte. Das mag entweder mit der neuen Redefreiheit zu tun haben oder mit der Unwichtigkeit des Urhebers, dessen Wort nicht über die Grenzen der Germanischen Provinz hinausschallte. Es wäre aber Marx` Aufgabe gewesen, sich den Laienfreund zur Seite zu nehmen.

Bätzing ist anders gestrickt. Im Juni 2020 wird der neue DBK-Vorsitzende sagen, er werde mit einer Eingabe an Rom veranlassen, dass die Diakoninnenweihe „von Rom weiter verfolgt und positiv beantwortet wird".[214] Ein paar Tage zuvor hatte er eingeräumt, mehrere Päpste, auch Franziskus, hätten betont, die Frage der Frauenordination sei eine geschlossene, aber dennoch verlange er, dass die Sache weiter diskutiert werde.[215] Sagen wir, eine zärtliche Renitenz *sui generis* gegenüber dem Stellvertreter Christi.

---

[213] „Reaktionen zu Querida Amazonia", zdf.de v. 12.2.2020

[214] „Synodaler Weg: Ansagen statt nachfragen", die-tagespost.de v. 4.6.2020

[215] Über Frage der Frauenweihe weiter diskutieren", die-tagespost.de v. 29.5.2020

Teilnehmer-Rezeptionen

Geistliche und Laien diskutieren auf dem Synodalen Weg zwar per satzungsgemäßer Anordnung auf Augenhöhe, bisher aber meist ohne Weitblick gegenüber den Folgen ihres Tuns für die Weltkirche. Am Ende der ersten Synodalversammlung waren die Rezeptionen typischerweise sehr unterschiedlich. Bischof Bode aus Osnabrück sprach von einer „eindrucksvollen Gesprächskultur und gegenseitigem Respekt", die Versammlung sei ein „Zeugnis echter Katholizität" gewesen. Realo oder Vater Morgana? Jedenfalls kommt Widerspruch aus Köln: Woelki berichtet uns, einige hätten es schwer gehabt, sich überhaupt Gehör zu verschaffen. Die beiden sollen aber auf derselben Veranstaltung gewesen sein.

Trotz angeblicher Einmütigkeit kommt beim Synodalpräsidium bald Kontrollverlustpanik auf. Anfang Juni 2020 verfügt es mit Bätzing und Sternberg an der Spitze absolutistisch – entgegen der Synodalen Satzung und der von ihnen selbst gerühmten Kirchendemokratie – dass anstelle der nächsten dreitägigen für September 2020 anberaumten Synodalversammlung nur eine eintägige und zwar zeitgleich an fünf verschiedenen Orten stattfinde.[216] Das eingängige Motto: „Fünf Orte, ein Weg", Punkt. Offizielle Begründung: Eine Teilnehmerzahl von etwa 50 pro Ort sei corona-konformer als eine von 230. Treffender hätte man auch „Ein Präsidium – Opposition gefünftelt" skandieren können. Bischof Voderholzer schlug deshalb eine Videokonferenz vor[217], so wie sie tausendfach während der Corona-Krise praktiziert wurde. Ich weiß nicht mal mehr, ob man ihm antwortete.

---

[216] „Synodaler Weg: Voderholzer gegen autoritäre Alleingänge des Präsidiums", die-tagespost.de v. 29.5.2020

[217] aaO

Du weißt es. O Herr, wie sehr und wie oft Du mir
Deutschland ans Herz gelegt hast, damit ich mich ganz dafür
hingebe und nichts anderes mehr wünsche, als für dieses Land
zu leben und zu sterben.
Amen.

Petrus Canisius SJ, Gegenreformator

Missbrauch, Studien, Schmerzensgeld

Das Canisius-Kolleg[218] ist ein Berliner Gymnasium, Träger ist die deutche Provinz des Jesuitenordens. Am 14. Januar 2010 wandten sich drei ehemalige Schüler an den damaligen Direktor Pater Klaus Mertes SJ, einer von ihnen war Matthias Katsch. Sie berichteten von sexuellem Missbrauch, den sie als Schüler erlitten hatten.

Mertes trat sofort an andere Ehemalige heran, Katsch gründete die Betroffeneninitiative Eckiger Tisch und verhandelte auf Opferseite. Im Februar 2010 bestellte die DBK den Trierer Bischof Stephan Ackermann zum Missbrauchsbeauftragten, der Katschs ständiger Verhandlungspartner wurde. Die DBK initiierte einen Reflexionsprozess und entwarf ein Präventionskonzept und ein Entschädigungskonzept, € 5.000,00 pauschal pro Betroffenem. Demnach sollte ein Geldbetrag als „finanzielle Anerkennung"[219] des zugefügten Leids gezahlt werden.

Im Schlepptau der Aufarbeitung folgte die Aufbereitung. Der Skandal fiel denen in die Arme, die seit langem Veränderungen in der Kirche wollten, auf einmal gaben sie Missbrauch als Triebkraft ihres Total Reengineering an.

Gutachtenaufträge zum Missbrauchsthema enthielten denn auch pauschale Fragen zur Verursachung durch Zölibat und Strukturen, also Fragen zu Personal und Organisation. Die antwortgebenden Sachverständigen waren hochkarätige Kriminalisten, aber keine Experten für Human Ressource und

---

[218] *Petrus Canisius 1521-1597, ausgerechnet ein Gegenreformator ist wenigstens mit seinem Namen Initial für eine zweite Reformation*

[219] Die Benennung als Schmerzensgeld wäre irreführend, weil nicht die Kirche den Schmerz zugefügt hatte, sondern Geistliche als Individuen

schon gar keine Kirchenrechtler. Entsprechend unmittelbar fiel deren Antwort aus, die jeder nachvollziehbaren Herleitung entbehrte. Dennoch verweisen Reformer unaufhörlich auf diese „wissenschaftlichen Beweise", während sie Studien, die nach wissenschaftlicher Herleitung zu ganz anderen Ergebnissen kommen, nicht mal erwähnen.

In Wirklichkeit lagen bis 2019 knapp 30 Studien vor, hier die wichtigsten:[220]

- Der John-Jay-Report
- der Westphal-Bericht
- die Dreßing-Studie
- die Leygraf-Studie
- die MHG-Studie (mit und ohne Pfeiffer) und
- die Fegert-Studie (Ulmer Studie).

John-Jay-Report

John-Jay[221] untersuchte die Verhältnisse in der katholischen Kirche der USA. Die Wissenschaftler stellten fest, dass die meisten Missbrauchstaten vor 1980 verübt wurden und seither ein rapider Rückgang zu verzeichnen ist, insofern liegen die Zahlen parallel zum Verlauf in Deutschland. Die John-Jay-Studie wird auf dem Synodalen Weg nicht erwähnt.

---

[220] Die Gercke-Studie lag erst 2021 vor und wird in diesem Buch an anderer Stelle behandelt

[221] John-Jay Report 2004, „The Nature and Scope of the Problem of Sexual Abuse of Minors by Catholic Priests and Deacons in the United States

Westphal-Bericht

Kein Wunder, aber ein Mysterium ist der Westphal-Bericht 2010 an Kardinal Marx. Mal wieder Vorreiter wollte der Erzbischof von München sein und beauftragte als erster deutscher Bischof eine Studie über Missbrauch in seinem Sprengel. Die Tinte war noch nicht trocken, da ließ der Klassenprimus das Papier in der hintersten Bank verschwinden. Dort liegt es bis heute und (k)einer weiß, warum. Elf Jahre später bietet Marx dem Papst seinen Rücktritt an, kurz, bevor es ein neues Gutachten geben sollte. Sollte ein anderer für alte Sünden geradestehen? Franziskus lehnte prompt ab. Natürlich wurde auch der Westphal-Bericht nicht Gegenstand des Synodalen Wegs.

Dreßing-Studie

2016 erschien die Dreßing-Studie.[222] Sie befasste sich mit Täterprofilen. Der Studie lagen 14.588 Taten in mehreren Ländern zugrunde. Rd. 33% der Täter seien emotional oder sexuell unreif, rd. 20% litten unter einer Persönlichkeitsstörung und 17,7% zeigten Merkmale von Pädophilie, 13,1% waren Alkoholiker. Auf der Opferseite stellten die Autoren einen deutlich höheren Anteil an männlichen Minderjährigen fest, vier von fünf Opfern waren männlich. Die Missbrauchsopfer anderer Institutionen als Kirche seien regelmässig im Verhältnis 4 (weiblich) zu 1 (männlich) betroffen. Die Wissenschaftler rieten zu Konsequenzen bei der Priesterausbildung[223], Bezüge zum Zölibat: Null. Auch mit der Dreßing-Studie beschäftigt sich der Synodale Weg nicht[224], man will ja kein Homosexu-

---

[222] Leitender Forensiker war Harald Dreßing

[223] „Die meisten Missbrauchsopfer sind männlich", zeit.de v. 27.6.2016

[224] Dreßing wurde allerdings einer der Mitautoren der späteren MHG-Studie

ellen- und Pädophilenproblem haben, sondern ein Zölibatsproblem.

Leygraf-Studie

Leygraf kam 2012 in seiner Analyse forensischer Gutachten u.a. zu dem Ergebnis: „Das von Raue postulierte ‚Täterprofil‘ eines pädophil veranlagten, sexuell unreifen, narzisstischen und zwanghaft zur Machtausübung neigenden Geistlichen hat sich anhand der hier untersuchten Fälle nicht bestätigen lassen".[225] Raue hatte 2010 seinen „Bericht über Fälle sexuellen Missbrauchs an Schulen und anderen Einrichtungen des Jesuitenordens" vorgelegt. Weiteres Ergebnis der Leygraf-Studie: „Eine Koppelung der Debatte um sexuellen Missbrauch durch Geistliche und des Zölibats entbehrt jeder wissenschaftlichen Grundlage. Die Verantwortung für sexuelle Missbrauchshandlungen ist bei den Tätern zu suchen und kann nicht auf die Institution katholische Kirche übertragen werden, wie es in der derzeitigen medialen Berichterstattung häufig der Fall ist".

Regensburgs Bischof Voderholzer brachte es auf den Punkt: „Nicht die katholische Sexualmoral habe zu Verbrechen geführt, sondern deren Missachtung".[226]

Sexualdelikte werden von den unterschiedlichsten Berufsgruppen begangen, auch von Polizisten, Richtern, Ärzten, Pädagogen, Übungsleitern u.v.a.m., dennoch stellt man nicht das Rechtssystem oder eine ganze Profession in Frage. Gegenstand der Leygraf-Studie der „führenden deutschen forensi-

---

[225] Sexuelle Übergriffe durch katholische Geistliche in Deutschland, Abschlussbericht 2012, Leygraf u.a., S. 43

[226] So wird Voderholzer in „Kardinal Müller: Keine Verbindung zwischen Missbrauch und Zölibat", katholisch.de v. 1.1.2019 wiedergegeben

schen Psychiater" (Manfred Lütz über die Leygraf-Studie) seien alle Tätergutachten aus den Jahren 2000 bis 2010 gewesen, also nahezu repräsentativ. Die Studie habe auf „stundenlangen gründlichen fachärztlichen Untersuchungen jetziger Täter" beruht, sei streng wissenschaftlich gewesen und habe auf Spekulationen verzichtet. Wohl deshalb habe sie kaum Aufmerksamkeit erregt (Lütz). Die Leygraf-Studie wurde ebenfalls nicht Grundlage des Synodalen Wegs.

MHG-Studie

Im September 2018 erschien die MHG-Studie. Seit 2010 manövrierten die Kräfte, die heute so vehement für die Reformziele eintreten, die Aufarbeitung der Missbrauchsaffäre, um sie später zur Ursache für die verhassten Säulen ihrer Kirche zu erklären. Auftraggeber: die DBK. Vor diesem Hintergrund kann es nicht verwundern, dass weltliche Autoren Empfehlungen für kirchliche Strukturen erteilten. Hierzu mandatierte die DBK zunächst das Kriminologische Forschungsinstitut Niedersachsen unter seinem Leiter Christian Pfeiffer, Professor für Kriminologie und ehemaliger SPD-Justizminister von Niedersachsen. Wichtiger für seine Beauftragung war wohl, dass Pfeiffer Protestant mit der „richtigen" Einstellung war. Bei einem Telefonat mit mir Anfang 2020 plädierte der evangelische Pfeiffer vehement und ungefragt für die Abschaffung des Zölibats und beendete abrupt das Gespräch, als er merkte, dass ich nicht seiner Auffassung war. Protestant Pfeiffer erschien kurz drauf im März 2020 am Rednerpult der Giordano-Bruno-Stiftung[227], deren erklärtes Ziel es ist, eine „Alternative zu den traditionellen Religionen zu entwickeln"[228],

---

[227] „Aufklärung im 21. Jahrhundert", giordano-bruno-stiftung.de/meldung/pfeiffer-missbrauch-transparenz-gerechtigkeit

[228] Unterseite „Aktuell" S. 1, giordano-bruno-stiftung.de

und forderte vom Vatikan Herausgabe von Akten. In dieser protestantisch-ersatzreligiösen Atmosphäre wurde eine Studie erstellt, mit der Synodale nun die Kirche reformieren wollen.

Die MHG-Studie litt bereits an brachialen Fehlern bei der Herausgabe von Datenmaterial an die Wissenschaftler. Bistümer gaben willkürlich vorausgewählte Personalakten heraus. Die Wissenschaftler selbst rügen das in der Studie:

„B.11 Darstellung der Ergebnisse

Aufgrund der methodischen Herausforderungen der Datenerhebung (kein direkter Zugang zu den Primärdaten, heterogene, nicht standardisierte Primärdaten, uneinheitliche, aus verschiedenen Dekaden stammende Datenquellen usw.) schwankte in den sich am Ende ergebenden Betroffenen- und Beschuldigtenstichproben die Zahl der gültigen oder fehlenden Angaben von Variable zu Variable unter Umständen sehr stark."

Weiter heißt es dort, zahlreiche Bistümer hätten ohne Mitteilung der Auswahlkriterien Personalakten herausgegeben, so dass man keine verlässlichen Berechnungen des Anteils von Missbrauchstätern an der Gesamtzahl der Geistlichen habe anstellen können.

Die Missbrauchsstudie ist aber noch für etwas anderes gut, denn ihr Zustandekommen entlarvt die lang geplante Strategie der DBK-Führung: Zunächst sollte das Forschungsinstitut die Fälle aufarbeiten. Dazu forderte Pfeiffer völlige Transparenz von der DBK und vor allem Herausgabe aller einschlägigen persönlichen Daten. Von der DBK sperrte sich, so Pfeiffer, vor allem Kardinal Reinhard Marx (München und Freising) diesem Ansinnen und berief sich auf Datenschutz.[229] Im Er-

---

[229] „Missbrauchsstudie der katholischen Kirche bleibt ohne Folgen", tages-

gebnis konnte nahezu kein Straftäter von den verschiedenen Staatsanwaltschaften belangt werden. Die ohnmächtige Wut der Opfer wie vieler rechtschaffenen Gläubigen richtet sich seitdem gegen die abstrakte „Machtstruktur" der Kirche, weil man der wahrhaft Verantwortlichen nicht habhaft werden kann. Heute geißelt ausgerechnet Marx diese abstrakte „Machtstruktur" als Grund für die notwendigen Veränderungen in der Kirche. Auf die Weise hat er sich den Grund für seine angestrebten Reformen klammheimlich selbst geschaffen. Jetzt verspricht er den Gläubigen, diese Strukturen durch seine Reformen zu vertilgen. Marx liefert immer.

Und dann spricht der Purpurträger Ende Februar 2019 auf dem Kinderschutzgipfel im Vatikan zum Thema Umgang der Bistümer bei der Aufarbeitung der Missbrauchsfälle.[230] Als sei der vatikanische Ambo das Pult für einen Schnupperkurs Gebärdensprache proklamiert der Westfale mit der für ihn typischen Faustgestik:

„… Verwaltung hat hier nicht dazu beigetragen, dass der Sendungsauftrag der Kirche erfüllt wird, sondern im Gegenteil, dass er verdunkelt, diskreditiert und verunmöglicht wurde. Akten, die die furchtbaren Taten dokumentieren und Verantwortliche hätten nennen können, wurden vernichtet oder gar nicht erst erstellt …".

An anderer Stelle seiner Rede wirbt er für „völlige Transparenz in der Kirchenverwaltung".[231] Hält er seine Schafe eigentlich für blöd?

Die MHG-Studie hatte 3.677 Fälle (nicht „Betroffene" wie

spiegel.de v. 19.1.2020

[230] Synodale Wandlung Nummer vier

[231] Missbrauch: Kardinal Marx wirbt für völlige Transparenz in Kirchenverwaltung", vaticannews.va v. 23.2.2019

es immer wieder unzutreffend heißt, was einen Unterschied macht, weil Mehrfachverbrechen bei Täter- und Opferidentität als mehrere Fälle gezählt werden) bis zum Jahr 2010 untersucht. Warum nur bis 2010, ist nicht ganz klar, vielleicht, weil es seither kaum Missbrauchsfälle gibt, eine Tatsache, die nicht so recht ins synodale Alarmieren passen will.

Von der Presse wurde die Studie offenbar kaum gelesen, man begnügte sich damit, wie stille Post Zahlen und Schlussfolgerungen voneinander abzuschreiben und die Kausalitäts-Agenda der Reformer herunterzubeten.

Die einzige Studie, die ganz nebenbei und ohne wissenschaftliche Untersuchung den Zölibat, die Machtstruktur und die Sexualmoral als Missbrauchs-Ursachen ausmacht, ist die MHG-Studie. Fast verlegen tritt dieses Ergebnis aus dem Auftrag der DBK an die Verfasser der Studie hervor, denn die Auftraggeber hatten ihnen eigentlich sehr deutlich vorgegeben, was sie schreiben sollten: Unter „B.2 Projektziele" hatten die Vorsynodalen das Ergebnis bereits populistisch kanalisiert:

„… 3. Die Identifikation und Analyse von Strukturen innerhalb der katholischen Kirche, die das Geschehen möglicherweise begünstigen".[232]

Gutachterliches Arbeitsergebnis zu dieser sehr bestimmten Auftraggeberfrage war dann auch die Entsprechung des mutmaßlichen Auftraggeberwunsches. Die Experten beantworteten eine Frage gleich mit, zu der sie gar kein Expertenwissen hatten. In der Zusammenfassung unter „A.1. Methode" heißt es im 10. Spiegelstrich:

„Alle Befunde sind rein deskriptiv. Aufgrund der Forschungsmethode ist ein statistischer Nachweis kausaler Zusammen-

---

[232] MHG-Studie, S. 22

hänge zwischen einzelnen Phänomenen oder Variablen nicht möglich. Auf der Grundlage vorliegender Befunde können allenfalls Hypothesen generiert werden".

Und weiter heißt es auf S. 11 unter „Zölibat":

„… Das Forschungskonsortium hält in Kenntnis der wissenschaftlichen Literatur und der eigenen erhobenen Befunde eine differenzierte Betrachtung der Thematik für angezeigt". Dieser Punkt erscheint unter der Überschrift: „Kontextualisierung der Befunde im Hinblick auf spezifische Strukturen und Dynamiken der katholischen Kirche …". Es geht also um das Thema Kausalität. Und weiter auf S. 16: „… Der Zölibat ist eo ipso kein Risikofaktor für sexuellen Missbrauch …". Upps – das Sätzchen scheinen die Reformer bis heute zu übersehen.

Die Reformer legten ihre Finger in die Wunde, die sie selbst verursacht hatten und skandierten „Eine Synode muss her!". Ergebnisse einer einzigen Studie wurden generalisiert und die Folgen sollten über den Synodalen Weg und die römische Bischofssynode 2023[233] auf die ganze Weltkirche übertragen werden, obwohl die auswertbaren Basisdaten willkürlich und gering waren, die Stichproben zufällig, die Befunde kulturspezifisch, die Zählweise von Straftaten intransparent. Und die Mehrheit der Missbrauchstaten geschah in der Zeit zwischen den 1960-ern und den 1990-ern, obwohl wir nach wie vor den Zölibat haben, kurz: Die MHG-Studie untersuchte Fälle aus einer lange zurückliegenden Vergangenheit, gab aber Empfehlungen für die Zukunft.

Etwa ein halbes Jahr, bevor die deutschen Bischöfe auf ihrer Frühjahrsvollversammlung 2019 in Lingen den Synodalen

---

[233] Sternberg fordert ungeniert im März 2021 ein Konzil, „ZdK-Präsident Sternberg: Immer mehr drängt auf ein Konzil hin", katholisch.de v. 24.3.2021

Weg beschlossen, legte der Theologe Manfred Lütz das Ergebnis seiner Qualitäts-Analyse der MHG-Studie vor.[234] Seine Analyse ist so gründlich wie vernichtend. Pfeiffer habe sich der Kirche angeboten und sei sich bereits gewiss gewesen, dass dabei herauskommen werde, dass der Zölibat bei Missbrauch ein protektiver Faktor sei, wird Lütz wiedergegeben.[235] Pfeiffer stellte fest, dass sich einerseits der Großteil der Missbrauchsfälle in den 50-er, 60-er und 70-er Jahren abgespielt hatte und andererseits: „Für die letzten drei Jahrzehnte zeichnet sich dagegen ein starker Rückgang ab, der in den letzten zehn Jahren besonders ausgeprägt ist.[236]

Das heißt auch: Die Maßnahmen greifen.

Als die Kirche bemerkt habe, wie „unwissenschaftlich" Pfeiffer arbeite (Lütz), habe sie den Vertrag mit ihm gekündigt. Pfeiffer habe die Medien auf seine Seite gebracht und behauptet, „die Kirche wolle vertuschen" (Lütz). Die Kirche akquirierte neue Leute von den Universitäten Mannheim, Heidelberg und Gießen und setzte das medienwirksame Projekt fort, nunmehr unter den Initialen der Universitätsstandorte. Laut Lütz sei die Datenbasis schwach und viele Akten bereits mit Vertuschungsabsicht vernichtet gewesen. Der Gutachtenstil sei unwissenschaftlich. Die analysierten Daten hätten aus „unsicher interpretierbaren Aktennotizen" bestanden. Man müsse sich fragen, so Lütz, was man aus Einsichten lernen könne, die die 50-er Jahre betrafen. Mit längst vergangenen Zeiten habe man sich aber formal befassen müssen, weil man aus aktueller Zeit kaum Daten gehabt habe.

---

[234] „Manfred Lütz: Missbrauchsstudie ‚mangelhaft und kontraproduktiv‘ ", die-tagespost.de v. 2.2.2020

[235] aaO

[236] „Forschungskonzept für eine empirische Untersuchung" zum sexuellen Missbrauch an Minderjährigen durch katholische Priester, 2013, Christian Pfeiffer und Lena Stadler

Die von einem Gerontologen entwickelten Interviews, so Lütz weiter, habe die Täter geradezu eingeladen, alle Schuld von sich auf die Strukturen der katholischen Kirche und deren Sexualmoral zu schieben. Die MHG-Autoren akzeptierten die Exculpation[237] der Täter.

Hecker weist nach[238], dass die klerikale Struktur gerade nicht missbrauchsfördernd ist, da sich die weit überwiegende Zahl der Täter kumpelhaft und nicht klerikal das Vertrauen der Opfer erschleichen. Sie spekulieren nicht mit Macht, sondern mit Nähe.

Offenbar entsprach aber das Ergebnis der MHG-Studie am besten den Erwartungen der Initiatoren des Synodalen Wegs, denen eine empörte Öffentlichkeit für ihre Ziele nützlich erschien.[239] Bezeichnenderweise wehren sie sich nach wie vor vehement gegen den Vorschlag Bischof Voderholzers, die separate Frage der Kausalität des Zölibats für den Missbrauch in wissenschaftliche Hände zu geben. Das sei Zeitverschwendung, heißt es zu Beginn der ersten Synodalversammlung, lieber gibt man sich der Vorverurteilung hin. Eine Hypothese sei solange gültig, bis sie widerlegt sei und warum solle man so lange warten, bis sie widerlegt sei, lautet dann die Suggestivfrage.[240]

---

[237] Das Entschuldigen ihres eigenen Verhaltens

[238] „Der deutsche Synodale Irrweg – zum Ersten", katholisches.info v. 5.6.2020

[239] Die DBK benutzt das Ergebnis der Studie zur Begründung ihrer Reformen, obwohl sie den Auftrag am 9. Januar 2013 kündigte. Sie bezieht sich aber immer noch gerne auf eine Hypothese der Autoren dieser Studie, der Zölibat habe den Missbrauch gefördert. Die Hypothese ist von Wissenschaftlern bestritten, aber die DBK weigert sich, der Frage nachzugehen

[240] „Synodaler Weg: Bischof Voderholzer kritisiert MHG-Studie erneut", catholicnewsagency.com v. 31.1.2020

Unterdessen geht die Ulmer Studie aus 2019 des Psychiaters Jörg Fegert von 114.000 Missbrauchsopfern in beiden Konfessionen aus.[241] Bei den Protestanten kann der Zölibat eo ipso nicht kausal sein. Auch im Vergleich mit Missbrauchszahlen im außerkirchlichen Bereich verursacht die Kanalisierung gesellschaftlicher Empörung in Richtung Kirche blankes Kopfschütteln: Die Ulmer sprechen von 200.000 jährlichen(!) Missbrauchsfällen im Breitensport – ohne Zölibat! Missbrauch ist demnach kein spezifisch kirchliches Phänomen und schon gar kein spezifisch katholisches.

Es muss andere Gründe geben.

Kausalität von Homosexualität oder Pädophilie?

Ein Enthaltsamkeitsversprechen verleitet nicht zum sexuellen Missbrauch, erst recht nicht an Minderjährigen. Überkommt den zölibatären Priester einen überwältigenden Sexualdrang, führt das doch nicht automatisch dazu, dass er sich an Minderjährigen vergreift, und schon gar nicht vorwiegend an männlichen. Ein heterosexueller Mann mit sexueller Reife im Priestergewand wird sich, wenn er sein Gelübde vergisst, einer erwachsenen Frau nähern und wenn er diese Reife nicht hat, die Frau nicht will und er genügend kriminell ist, möglicherweise an ihr „vergreifen". Erst, wenn Homosexualität und Pädophilie dazukommen, wird das potentielle Opfer männlich und minderjährig sein. Nur mit dieser Kombination aus homosexuell-pädophilem-Täter und minderjährig-männlichem-Opfer gelangt man zu dem typischen Täterprofil, das

---

[241] Ulmer Studie: Dunkelfeld für Missbrauch durch Priester höher als angenommen", focus.de v. 12.3.2019

hauptsächlich der MHG-Studie zugrunde lag. Mit dem Zölibat hat das offensichtlich absolut nichts zu tun.

Was die MHG-Studie liefert, sind Zahlen zum Geschlecht der Opfer: Während im kirchlichen Bereich unter den Opfern das Verhältnis von Jungen zu Mädchen bei 3:2 liegt[242], ist es im außerkirchlichen Bereich bei 1:4. Die evident überwiegende Zahl der Opfer kirchlicher Missbrauchsfälle sind junge Männer oder Jungen, die Täter naturgemäß ebenfalls männlich. Das legt den Schluss nahe, dass 3 von 5 Tätern im innerkirchlichen Bereich nicht nur schwul sind, sondern auch unter Pädophilie leiden, während im außerkirchlichen Bereich nur 1 von 5 Tätern beide Eigenschaften mitbringt, 4 von 5 aber lediglich pädophil sind, aber nicht homosexuell.

Während der Anteil der pädophilen Missbrauchsfälle innerkirchlich nicht höher ist als außerkirchlich, überwiegt bei den Tätern im Klerus der Anteil der homosexuellen Delinquenten.

Das heißt: Die Kirche hat ein kleines Pädophilen-Problem und ein größeres Homosexuellen-Problem. Homosexuell-pädophile Täter verschwinden aber nicht zusammen mit dem Zölibat. Deshalb ist die synodale Kausalitätsbehauptung offensichtlich erfunden, weil sie bei einem durchprotestantisierten Publikum gut ankommt. Entledigt man sich der Täter, begehen sie ihre Delikte in der Zivilgesellschaft, auch ohne Zölibat.

Der Zusammenhang zwischen Homosexualität und Missbrauch wird durch eine weitere Tatsache gestützt. In der evangelischen Kirche sind fast nie Frauen, etwa Pfarrerinnen, Täter, die Opfer aber ebenfalls meist Jungen.

Wenn aber nicht der Zölibat, sondern die Homosexualität den Missbrauch in beiden Konfessionen fördert, müsste sich die

---

[242] 62,8 % Jungen laut MHG-Studie Ziff. 6.3.1., S. 257

DBK wie auch das ZdK mit dieser Frage befassen und nicht mit der Frage der Abschaffung des Zölibats.

Gesichtswahrend können die Synodalen von ihrer Kausalitätslüge nicht zurücktreten. Sie verlören den Applaus des virtuellen Klientels, das sie sich nach Frankfurt geholt haben. Deshalb bleiben sie dabei: Homosexualität kann bleiben, der Zölibat muss weg.

Der Synodale Weg bedient den Frieden auf unseren bunt beflaggten Straßen, wo man die Themen Pädophilie und Homosexualität für unantastbar hält. Als Bauernopfer bleibt dann nur noch die Keuschheit.

Nach dem Missbrauch

Infolge des Missbrauchs war Aufarbeitung nötig. Im Dezember 2019 schaffte Papst Franziskus das Päpstliche Geheimnis bei der Verfolgung von Missbrauchsfällen ab.

Im September 2019 beschloss die DBK eine deutliche Ausweitung der Entschädigungsleistungen. Eine Arbeitsgruppe empfahl Entschädigungen bis zu € 400.000,00. Das wäre angemessener als die früher und später erneut diskutierten € 5.000,00. Denn sexuell Missbrauchte sind schwer therapierbar, viele Opfer leiden ein Leben lang, mit Folgen für ihre Sexualität, ihre Beziehungen und ihr Sozialverhalten: Angst- und Schlafstörungen, Kopfschmerzen und Depressionen.

Die meisten deutschen Bistümer haben folgendes getan: Meldestellen für Missbrauch eingerichtet; Opferberatungsstellen eröffnet; Therapiekosten übernommen; Ersatz immateriellen Schadens teils ausgezahlt, teils zugesagt; Fälle an die Staatsanwaltschaften gemeldet; Täter kirchenrechtlich sanktioniert; Prävention in Schulungen und Konzepten verwirklicht; Priesterausbildung neu konzeptioniert; Maßnahmen zur Verhinderung von Vertuschung eingeleitet.

Missbrauch und Schmerzensgeld[243]

Von Wandlung ist auch in diesem Teil die Rede. Am 25.2.2010 wurde der Trierer Bischof Stephan Ackermann DBK-Missbrauchsbeauftragter.[244] Ihm oblagen die Verhandlungen mit den Opfern. Verhandelt wurde regelmäßig mit Matthias Katsch, der – selbst Opfer – namens der Tatverletzten den sog. Eckigen Tisch[245] ins Leben gerufen hatte.

Lange schien es, als setzte sich der Trierer vehement für eine hohe Entschädigung der Opfer ein und tatsächlich waren bald € 300.000 pauschal pro Opfer im Spiel.[246] Das galt auch noch bis zum Ende der ersten Sitzungsperiode des Synodalen Weges Anfang Februar 2020 und fand entsprechend positive Resonanz in der deutschen Öffentlichkeit angesichts dieser scheinbar großzügigen Entschädigung.

---

[243] *Juristisch ist es kein Schmerzensgeld, das den Missbrauchsopfern von der Kirche gezahlt wird. Denn Schmerzensgeld kann nur von juristisch Verantwortlichen verlangt werden, das sind der Handelnde und ggfs. eine Versicherung bei Durchgriffshaftung. Die Kirche hat aber nicht missbraucht, sondern Personen als Täter. Deshalb bemüht sich die Kirche um eine andere Bezeichnung des auszuzahlenden Geldes, das im Übrigen eine freiwillige Zuwendung ist, nicht einklagbar und nicht vererbbar*

[244] Am Ende desselben Jahres ernannte er den damaligen Monsignore Georg Bätzing zu seinem Generalvikar, inzwischen Bischof von Limburg und DBK-Vorsitzender

[245] Der Eckiger Tisch e.V. „ist ein gemeinnütziger Verein, der die Interessen von Betroffenen sexueller Gewalt an Kindern und Jugendlichen speziell im Kontext der katholischen Kirche vertritt“, Wer wir sind, eckiger-tisch.de

[246] „Eine gemischte Bilanz“, domradio.de v. 28.1.2020

Die erste Synodalversammlung war gerade zu Ende, da tagte Anfang März 2020 die Deutsche Bischofskonferenz. Nunmehr beschloss sie „ein nach der Schwere des Falls abgestuftes Modell mit 40.000 bis 400.000 Euro Zahlungen".[247] Aber, so Ackermann jetzt, der „übliche Rahmen" liege „bei 5.000 bis 50.000 Euro".[248] Das ist nur ein Achtzigstel bis ein Achtel dessen, was im Beschluss erwähnt wird. Man wolle sich an den von den staatlichen Gerichten[249] gewährten Schmerzensgeldern orientieren. Kaum war das große Blitzlichtgewitter weg, war aus dem großen Wurf plötzlich Knochengeiz geworden. In der Praxis wurden dann regelmäßig € 5.000,00 gezahlt.

Als Matthias Katsch protestierte, fiel Ackermann nach fast 10 Jahren gemeinsamen Verhandelns wie einem Chamäleon cum laude plötzlich ein, Katsch habe doch nicht das Recht, für alle Missbrauchsopfer zu sprechen.[250] Verwandlung statt Verhandlung: Ackermann locuta causa finita.

Die Trierer Verwandlungstechnik funktioniert: Viele deutsche Bischöfe hatten die Fälle solange vertuscht und die Verhandlungen mit dem Opfervertreter solange hinausgezögert bis die Delikte verjährt oder die Täter verstorben waren. Ob die DBK

---

[247] „Wut über Mini-Schmerzensgeld", ntv online v. 5.3.2020

[248] Die inzwischen eingesetzte sog. Unabhängige Kommission zahlt in der Regel nicht mehr als € 5.000,00 pro Opfer. Als Bonus erhält der Betroffene ein Schreiben aus Textbausteinen, Ergebnis der individuellen Befassung mit seinem persönlichen Leid

[249] Beim Geldausgeben wird aus der visionären Großzügigkeit realer Geiz. Gerade noch globale Reformer, verwandeln sie sich bei der Anerkennung des Leids zurück in nationale Sparer. Warum bei der Regierungsform auf Frankreich zurückgreifen, bei der priesterlichen Lebensform auf den Amazonas, aber bei den Schmerzensgeldbeträgen nicht auf die USA? Allerdings könnte auch Rom einmal die Initiative zu einer weltweiten Lösung ergreifen, damit alle Missbrauchsopfer gleichbehandelt werden

[250] aaO. Synodale Wandlung Nummer fünf

mit diesem Abspeisen der Opfer „verlorengegangenes Vertrauen zurückgewinnen" kann?

Jedenfalls wollen die Freunde der Reformen uns mit allen Mitteln weismachen, dass der Missbrauch unbedingt die Reformen zur Folge haben muss, während dem Missbrauch der Missbrauchten immer weniger positives folgt. Auf Missbrauch folgten Vertuschung und Verjährung, eine Kette aus Tätern, Vorgesetzten und Verantwortlichen haben Hunderte auf dem Gewissen und aus der Mitte der Delinquenten rekrutieren sich die, die laut „Zölibat weg!" rufen. Zielerreichung dominiert Opferidentifikation.

Sonderrolle des Charles Scicluna

Eine Sonderrolle bei der Bekämpfung sexuellen Missbrauchs in der Kirche hat Charles Sciucluna, Erzbischof von Malta und Sekretär der vatikanischen Kongregation für die Glaubenslehre. Im Auftrag des Papstes geht er persönlich überall auf der Welt Verdachtsfällen nach und recherchiert, befragt Zeugen, bevor er dann auf Tausenden Seiten berichtet. Seine Eminenz scheint seine Sache überaus gründlich zu machen, wird auf Kongressen gehört und erteilt Bischofskonferenzen Ratschläge zur Prävention. Er prangert die Schweigekultur der Kirche an und rät zur sorgfältigen Priesterauswahl, setzt also bei der Veranlagung der Kandidaten an. Den Zölibat hat Scicluna keineswegs im Visier.[251] Stattdessen setzt er auf eine stärkere Einbindung von Frauen in die Ausbildungsteams an Priesterseminaren. Scicluna argumentiert, einige junge Priester hätten Angst vor Frauen. Um ihnen die zu nehmen, müssten sie mit Frauen auf Augenhöhe kommunizieren. Dann sähen

---

[251] „Zölibatäre sollten gelernt haben, sexuelle Impulse zu kontrollieren", Focus-online v. 2.3.2013)

die künftigen Priester Frauen auch nicht in klerikaler Weise oder als Untergebene. Die Aufmerksamkeit für Menschen sei von Natur aus weiblich, sagt er.[252] Demnach haben wir keinen Priestermangel, sondern Priestermängel.

---

[252] „Wir brauchen die Meinung von Frauen", domradio.de v. 24.4.2020

Protagonisten und Repräsentanten

Gäbe es eine Umfrage nach den aussichtslosesten Sympathieträgern, so rangierten Synodale vermutlich noch vor Anwälten und Immobilienmaklern.

Zum Glück ist nicht jeder deutsche Bischof synodal, aber die Traditionalisten sind deutlich in der Unterzahl. Die anderen haben eine bunte Vielfalt an Gefolgsleuten akquiriert wie Stars und Gewerkschafter, aber auch stirnfaltige Denker und Halstuchtheologinnen. Aus Freude über den real existierenden Protestantismus sieht man diese Ex-Katholiken meist grinsend.

Tacheles und Tabernakel

Nachdenkliche Theologieprofessoren und demokratischer Gremienkatholizismus prägen die Kirche in Deutschland, glaubensstarke Priester und fromme Gläubige haben das Nachsehen. In konzertierten Aktionen äußern sich katholische Oberhirten ungefragt in peinlicher Absprache mit evangelischen Ratsvorsitzenden und geben nicht enden wollende ökumenische Doppelinterviews vor weichgespülten Journalisten, die keine kritischen Fragen mehr stellen. Dafür lassen die Exzellenzen das Allerheiligste immer öfter im Tabernakel. Und nicht nur das. Inzwischen werden evangelische Bischöfinnen zu katholischen Priesterweihen eingeladen und dürfen anschließend mit ihren politischen Statements vom Ambo aus die katholischen Gläubigen beschallen, zum Beispiel, dass sie gerne mitgesegnet hätten und dass Frauenweihe durch theologische Interpretationen verhindert werde, gemeint ist natürlich die katholische Kirche.[253]

---

[253] „Bischöfin bewirbt Frauenpriestertum bei katholischer Priesterweihe",

Aber wie wird man eigentlich Synodaler? Grundsätzlich gilt: Als Katholik ungehorsam, aber als Demokrat hörig. Wahlspruch: mundus vult decipi.[254] In dieser inszenierten Konfrontation treten Reformer auffallend harmonisch auf in einem Netzwerk aus Bischöfen, Neotheologen, feministischen Ordensfrauen und nachkonziliar geprägten Laien. Sie begegnen sich mit Würde, sagen sie, fallen aber durch jeden Frömmigkeitstest und das Verbindende sind trotz ihrer sehr unterschiedlichen sozioökonomischen Herkunft ihre unkatholischen Soft Skills. Ach, ja: Sich-hinten-anstellen ist auch nicht ihre Sache.[255]

Wo sind die Anführer?

Gegenüber den eigenen Leuten handeln viele Bischöfe oft wie Funktionäre, sind nie zu sprechen oder beantworten Eingaben ihrer Schafe nach vierzehn Monaten von oben herab, verbiegen sich aber sofort und bereitwillig jeder gesellschaftlichen Forderung und fühlen sich in der Staatskanzlei stolz zum Schwur der Loyalität verpflichtet. Haben sie ihre bischöflichen Palais einmal im Audi A 8 verlassen, geben sie sich als nachdenkliche Emanzipationssozialisten in der Pole Position unserer Moralpresse. Biblische Hirten sind das nicht, mit Ausnahme einer kleinen Minderheit aus Eichstätt, Görlitz, Köln, Passau und Regensburg. Auf unsere Bischofsstühle gehören religiöse Anführer, aber keine Schmotzmichel der Politik.

---

die-tagespost.de v. 1.6.2021

[254] Die Welt will betrogen werden

[255] Aus Augsburg erreicht uns die Nachricht eines konsekrierten Impfvordränglers

Feuer und Eis

In Frankfurt am Main begegnen sich die Elemente: Bischöfe wie Overbeck aus Essen und Oster aus Passau. Unterschiedlicher in der Art, in der die beiden Hirten ihre Schafe hüten, können Priester nicht sein. Der erste kapituliert eingefroren, seine Gläubigen würden die Lehren der Kirche nicht mehr verstehen, der zweite bringt sie ihnen bei. Overbeck sucht Heil in Reformen, Oster im Gebet. Auf dem Synodalen Weg aber haben die Overbecks die Hosen an. Von einem Schisma lässt sich nicht mehr prognostisch sprechen, denn in Deutschland ist die Kirche nach zweieinhalb Jahren Synodalem Weg faktisch gespalten. Ob ein Schisma vorliegt, fällt in die Kompetenz des Heiligen Stuhls, aber die deutschen Truppenbewegungen scheinen die römische Intervention unumgänglich zu machen.

Erst Spaltung, dann Schisma[256]

Gespalten wird bereits durch die synodale Satzung. Demnach haben Voten zu Reformthemen von Bischöfen wie von Laien gleiche Gewichtung. Das ist nach kanonischem Recht unzulässig. Laien dürfen nur beratende Stimme haben.

Obwohl also Bischöfe und Laien den Synodalen Weg gleichberechtigt beschreiten, sind zwar alle 69 deutschen Bischöfe mit je einer Stimme dort, aber nicht alle 23 Millionen Laien, letztere werden lediglich durch sehr wenige repräsentiert. Sagen Sie jetzt nicht, es wäre auch schwer gewesen, genügend Stühle zu finden. Es geht nicht um die Versammlung, sondern um die Stimmabgabe. Während also jeder Bischof für sich selbst spricht, wirkt das Wort eines Laienvertreters viel-

---

[256] Das ist ja nicht unbedingt dasselbe

hunderttausendfach. Es ist deshalb nicht ganz unerheblich, wie man Synodaler wird für die Frage: Sprechen wir wirklich durch dessen Mund?

Hinter jedem synodalen Laien scheint folglich eine Völkerschar zu stehen.[257] Ebenfalls per Satzung hat man Laien im Vorsitz der Synodalforen auf Augenhöhe zu den Bischöfen platziert:[258]

> Vorsitz im Synodalforum Macht und Gewaltenteilung in der Kirche:
> Bischof Dr. Franz-Josef Overbeck, Essen
> Dr. Claudia Lücking-Michel, Köln, Laie
>
> Vorsitz im Synodalforum Priesterliche Existenz heute:
> Bischof Dr. Felix Genn, Münster
> Stephan Buttgereit, Köln, Laie
>
> Vorsitz im Synodalforum Frauen in Diensten und Ämtern der Kirche:
> Bischof Dr. Franz-Josef Bode, Osnabrück
> Prof. Dr. Dorothea Sattler, Münster, Laie
>
> Vorsitz im Synodalforum Leben in gelingenden Beziehungen – Liebe leben in Sexualität und Partnerschaft:
> Bischof Dr. Helmut Dieser, Aachen
> Birgit Mock, Köln, Laie

Forumsvorsitzende durften ganz nebenbei nur werden, wer zur DBK oder zum ZdK gehörte und, Sie haben es bemerkt, drei der vier Laien-Vorsitzenden kommen aus der Homo-Hochburg Köln.

---

[257] Dass dieser Eindruck mehr Schein als Sein ist, erfahren Sie im Kapitel *Der Trick mit den Mehrheiten*

[258] Stand: 21.5.2021

Und hierfür stehen die klerikalen Forumsvorsitzenden:

Bischof Overbeck, Macht und Gewaltenteilung. Typ: Soll-
bruchstelle der „alten Zeiten". Haut jeden Berufspolitiker in
punkto Ämterhäufung weg: S.E. ist Diözesan-, Sozial- und
Militärbischof. Und auch auf dem Synodalen Weg steht der
Essener als Forumsvorsitzender auf der Kommandobrücke,
aber können Sie sich vorstellen, dass ausgerechnet dieser
Mann als Militärbischof in einem gerechten Krieg[259] die Waffen unserer Soldaten segnet? „Die alten Zeiten sind wirklich
vorbei" hämmert der Dauerrezitator seit mindestens 2019
per Wandlungs-Gong auf die Laienköpfe, eine Mischung aus
frommer Anmaßung und redseligem Leichtsinn bemühend.
Es sei „höchste Zeit, den Ausstoß von Treibhausgasen zu be-
grenzen, um die Folgen des Klimawandels einzudämmen",
fordert er vor jubelnder Menge. Aber nur von den anderen,
streng genommen. Sein eigener Dienstwagen war bis neulich
ein VW Phaeton, 250 km/h Höchstgeschwindigkeit, hatte mit
224 g CO_2 pro km seinerzeit von allen deutschen bischöflichen Dienstwagen die höchste Menge an Kohlendioxyd-Aus-
stoß.[260] Inzwischen fährt er einen Audi A 8 Diesel und wird
im Dunkel der Rauchwolke standesgemäß nur durch seinen
DBK-Vorsitzenden Bätzing übertroffen.[261] Läuft bei ihm.
Papst Franziskus fährt einen Fiat 500, CO_2-Ausstoß 105 g pro
km. Overbeck ist einer der reformerischen Brandbeschleuni-
ger, bisweilen halt mit Emissionen statt Emotionen. Wer will

---

[259] Ius bellum oder gerechter Krieg ist das Ergebnis eines Katalogs von Voraussetzungen, die nach der Lehre des Augustinus erfüllt sein müssen,
um Krieg zu rechtfertigen. Das fünfte Gebot ist eben nicht nur Verbot zu
töten, sondern auch Gebot, das Töten zu verhindern, notfalls mit allen
Mitteln, auch mit dem eigenen Tod

[260] „Nicht alle Bischöfe fahren umweltbewußt", mittelbayerische.de v.
3.12.2015

[261] „CO2-Ausstoß der Dienstwagen der deutschen Kirchenoberhäupter
2018", Deutsche Umwelthilfe e.V., Stand: 2018

es ihm verdenken, bei dem Tempo muss man ja einen Geschwindigkeitsrausch kriegen. Da bleibt schon mal was unbemerkt am Rande liegen. Zum Beispiel, dass er einen Priester deckte, der Missbrauch begangen hatte. Während Woelki ohne Beweise mit Rücktrittsforderungen überzogen wurde, blieb bei Overbeck die Skandalisierung trotz Beweisen aus. Der Nachdenkliche gab lediglich an, er wolle daraus lernen. Der Essener Klimakiller ist übrigens passionierter Anhänger der päpstlichen Umwelt-Enzyklika *Laudato si*, sein Kerngeschäft die Wandlung. Auffallend schräg ist neben seinen Ideen auch seine Kopfdrehung, wenn er für Pressefotos empathisches Zuhören bei seinen Schäfchen signalisiert.

Bischof Genn, Münster, Priesterliche Existenz heute. Typ: Gelandet im falschen Forum. Anlässlich einer Prozession am 7.7.2013 beklagte S.E., dass die EKD[262] „alle Formen von Partnerschaft unterschiedslos auf eine Stufe stelle".[263] Bezeichnend für die ergebnisorientierten Synodalen hat man ihn aber nicht zum Vorsitzenden des Forums *Leben in gelingenden Beziehungen* gemacht, sondern im Forum *Priesterliche Lebensform*. Da kann er keinen Schaden im Hinblick auf die synodale Auffassung über homosexuelle Partnerschaften anrichten. Vielleicht ist er unter der synodalen Hand aber schon für eine andere Position vorgesehen, denn im Sommer 2021 beeilt er sich, den Synodalen Weg einen „offenen Suchprozess" zu nennen, der „schlichtweg alles betrifft".[264] Und inzwischen kritisiert er auch das Nein der Glaubenskongregation zur Segnung homosexueller Paare. Quo vadis Genn?

---

[262] Evangelische Kirche in Deutschland

[263] „Katholischer Bischoff Genn kritisiert EKD-Familienpapier", evangelisch.de, v. 7.7.2013, abgerufen 16.6.2021

[264] „Viele fühlen sich verletzt", domradio.de v. 1.7.2021

Bischof Bode, Osnabrück, Frauen in Diensten und Ämtern der Kirche. Typ: Dauer-Vize[265] mit Anekdotenrepertoire.[266]

Papstratgeber, obwohl der Heilige Vater davon nichts weiß: Bode weiß bereits, wie der Vatikan am besten auf den frei erfundenen Synodalen Weg reagieren möge, nämlich nicht mit einer Entscheidung des Papstes, nicht mit einer Bewertung durch den Vatikan, sondern mit einer Bischofssynode für Westeuropa.[267] Osteuropa wäre ja auch viel zu riskant, dessen Gläubige stehen unter Glaubensverdacht.

Bischof Dieser, Aachen, Leben in gelingenden Beziehungen. Typ: Übernehmer. Übernahm den Forumsvorsitz von Bätzing, als der DBK-Vorsitzender wurde. Startete aber schon 2016 durch mit dem Aufruf an seine Gläubigen, Veränderungen vorzuschlagen. Den Prozess nannte er „Heute bei Dir", aber was er meinte, war offenbar „Heute bei nur einigen von Euch", denn zahlreiche Gläubige, Gremien und Geistliche beklagten sich 2018 über ihre Ausgrenzung von diesem Prozess.[268] Die Klarstellung der Glaubenskongregation zum Verbot der Segnung homosexueller Paare v. 15.3.2021 hält Dieser nur für einen „römischen Zwischenruf".[269]

---

[265] Er ist seit 2017 durchgehend stellvertretender Vorsitzender der DBK

[266] Er hat angekündigt, dem Heiligen Vater was über seine Erlebnisse beim Synodalen Weg zu „erzählen". „Chef, bist du`s? Franz-Josef am Apparat, ich muss dir was erzählen". Gespielte Naivität täuscht über die ernsten Absichten der Synodalen

[267] „Bischof Bode wünscht sich Regionalsynode für Deutschland oder Westeuropa", die-tagespost.de v. 16.2.2021

[268] „Es tut mir weh", domradio.de v. 28.3.2018

[269] Pressemeldung Der Synodale Weg Nr. 26, synodalerweg.de v. 16.3.2021

Private Akteure

Während einige Bischöfe an den Rand gedrängt werden, heißt man private Akteure willkommen, Hauptsache, sie teilen den Regenbogenglobalisierungsgedanken. Und die ins Mikro so einen Quatsch reden wie „... Priester zu werden, kam für mich nicht in Frage. Dazu habe ich zu viel Lust auf Sex". Sind das die Gedanken bischöflicher Reformer, die sie sich selbst nicht auszusprechen wagen? Sie versammeln sich in einer Domäne der Unverstandenen und suchen verzweifelt einen Weg zur Akzeptanz. Mit der Kirche haben sie keine Gnade, aber mit den armen Priestern, denen vor Lust gleich die Hoden platzen, auch in Emotionen sind die Synodalen ganz groß, wenn es ihnen nützt. Eine theatralische Projektion vom triebunterdrückenden Katholischen. Auch die kleinsten Synoden-Lichter bringen viel Dunkelheit in die Kirche.

Ein falscher Verdacht

Kardinal Woelki hat`s auf den Punkt gebracht: Die Synodalversammlung erinnere ihn an ein quasiprotestantisches Kirchenparlament. Mit Ausnahme des Heiligen Geistes darf hier jeder unverblümt seine Meinung vertreten. Die Sache hat nur einen Haken: Es gibt keine nennenswerte Opposition. Und wenn der Kölner nichts anderes tut als sein Münchner Kardinalskollege, nämlich ein Gutachten derselben Münchner Kanzlei nicht veröffentlichen[270], zeigen sich die Synodalen von „besorgt" bis „bestürzt". Zwischenzeitlich sollte der Kölner Kardinal nicht nur an den Austritten der Katholiken, sondern auch an den Austritten bei den Protestanten, also „der Kirche insgesamt", schuld sein. Da hatte Woelki längst den angesehenen Kölner Strafrechtler Professor Gercke mandatiert.

---

[270] Was es nicht besser machte!

Auf 900 Seiten untersuchte dessen Kanzlei in transparenter juristischer Arbeit ein Vielfaches der Fälle, die den Münchner Kollegen vorgelegt worden waren. Als im März 2021 die Gründlichkeit des Gercke-Gutachtens klar wurde, das Woelki von jedem Verdacht einer Pflichtverletzung reinwusch, verstummten die sonst so lauten Reformtruppen, aber kein Wort der Entschuldigung, der Reue oder der Klarstellung ob ihrer vehementen Vormärz-Forderungen.[271] Auch keine Geste der brüderlichen Anerkennung für Woelkis Konsequenz, der innerhalb von Tagen mehrere hohe Kleriker vom Dienst freistellte[272], weil sie im Gutachten mit Pflichtverletzungen aufgefallen waren.

Herr, schenke uns Hirten nach Deinem Herzen,
die arm, gehorsam und enthaltsam leben
Gebet für Deutschland
von Robert Kardinal Sarah

Allein in Trier kam man diesmal nicht mit tränenden Augen, sondern mit spitzem Mund lobend für Köln aus der Deckung, nun, da bei Woelki Entlastung statt Entlassung feststand und man sich an der Mosel sicher sein konnte, auf den richtigen Zug aufzuspringen.[273] Vorher war`s erst mal still gewesen im Bistum Ackermann. Dabei liegt gerade im Moselbistum noch eine Leiche aus 2006 im Keller. Damals hatte ein Priester bei der Staatsanwaltschaft Trier nach zahlreichen Anzeigen ein Geständnis abgelegt, dennoch unternahm Marx, damals noch

---

[271] Als Vormärz wird eine Literaturepoche bezeichnet zwischen dem Wiener Kongreß 1815 und der Revolution von 1848, deren Ideale die Ideen der Aufklärung waren

[272] Ob das nötig war, ist eine andere Frage

[273] „Missbrauch: Trierer Bischof Ackermann verteidigt Kardinal Woelki, die-tagespost.de v. 29.3.2021

Bischof von Trier, nichts gegen den Priester, sondern ließ ihn erneut auf die Schäflein los. Heute sagt Marx, er habe zu sehr auf seine Untergebenen gehört.[274] Auch an seinem Rücktrittsangebot Mitte 2021 sind die anderen schuld. Nicht persönliche Schuld sei sein Motiv, sondern weil die Kirche an einem toten Punkt angekommen sei. Also irgendwie doch Märtyrer Reinhard, der Fremdschämer.

Solche und solche

Einige deutsche Bischöfe lassen sich synodenmäßig gut einordnen: Die einen sind für die Reformen, die anderen dagegen. Mit den übrigen wird's schwierig, denn bei ihrem Kirchensprech hat man manchmal den Eindruck, der Teufel zwinge sie, in Rätseln zu sprechen. Nach dem Gusto des sie jeweils ernennenden Papstes lassen sie sich nicht einschätzen. Sowohl Johannes Paul der Große (10) als auch Benedikt XVI. (7) und Franziskus (10) haben amtierende deutsche Hirten[275] eingesetzt[276], die sich heute traditionell oder synodal äußern. Dazu kommt häufig, dass sich ein Bischof bei seiner Einsetzung noch traditionell zeigt, im Jahr 2021 aber synodale Positionen verfechtet, ganz nach dem Wandlungs-Phänomen, das manche an sich selbst feststellen. Bischöfe, die bei ihrer Weihe noch ein traditionelles Ehe- und Familienkonzept vertraten, flattern heute mit dem Regenbogenfähnchen wahrlich durch den Wind. Das Bild kennt man so grotesk sonst nur aus Nordkorea, aber während sie dort einem Diktator zuflattern, wedeln sie bei uns schwulen Paaren entgegen, von deren Vereinigung sie doch als allerletztes kleine Priester erwarten können.

---

[274] „Viel Woelki, wenig Marx", domradio.de v. 11.5.2021

[275] Stand: November 2020

[276] Gemeint sind hier die Diözesanbischöfe

Im Übrigen gelten für die Bischofsernennung in Deutschland und der Schweiz im Gegensatz zu allen anderen Regionen der Welt zu Lasten der päpstlichen Entscheidungsfreiheit erhebliche Mitspracherechte der Kleriker eines Bistums, was dem Heiligen Stuhl in drei Konkordaten in den Jahren 1924-1933 abgerungen wurde. Kein Priester wird in Deutschland Bischof, wenn die amtierenden Bischöfe das nicht wollen. Der Papst ist in seiner Wahl demzufolge nicht wirklich frei, ein Procedere, das der Sukzession widerspricht und säkulare Einflüsse bestimmter Priesterseminare befördert.

Erhöhte Aktivität trotz Verfallzeit

Ein wenig sonderbar ist es schon, dass so viele Reformer zur gleichen Zeit ausstrahlen, dass sie gemeinsam aktiv sind und dass das kleine Deutschland ihr Kraftwerk ist. Zwar sorgte sich die Kirche immer wieder um verirrte Seelen, aber sie traten zu verschiedenen Zeiten an unterschiedlichen Orten mit unabhängigen Ideen auf mit dem Belgier Schillebeeckx, dem Brasilianer Boff und dem Schweizer Küng. Seit 2019 wird jedoch eine erhöhte Aktivität am Rhein gemessen. Eine bischöfliche Dynamik über die Gruppendefinition lässt sich nur insoweit feststellen, als die Exzellenzen zwischen 1948 und 1967 geborene Priester sind, Kinder der Kriegskinder also und durch das Zweite Vatikanum Vereinnahmte. Mithin wurden diese Bischöfe über einen Zeitraum von 19 Jahren geboren, zwischen dem Vorjahr der Gründung der Bundesrepublik Deutschland 1949[277] und dem Vorjahr der Pillenenzyklika *Humanae vitae* Papst Paul VI. von 1968: Fürst 1948, Schick 1949, Genn 1950, Bode 1951, Feige 1951, Timmerevers 1952,

---

[277] Der Geburtsstern dieser Prediger könnte aber auch der erste Kinsey Report von 1948 gewesen sein

Marx 1953, Wiesemann 1960, Bätzing 1961, Wilmer 1961, Burger 1962, Dieser 1962, Ackermann 1963, Overbeck 1964, Heße 1966, Jung 1966, Kohlgraf 1967.

Haben diese Ereignisse sie geprägt, etwa als glühende Befürworter der Demokratie und klerikale Kritiker von Humanae vitae? Jedenfalls begann schon hier die Emanzipation einiger deutscher Bischöfe vom Stuhl Petri. Und noch immer infizieren die 68-er-Ideen neue Bischofsgenerationen, bisweilen trotz Spritze. Meier, neuer Bischof von Augsburg, hat ein scheinbar undifferenziertes Bild vom Synodalen Weg und fiel bisher eher als Impfvordrängler auf.[278] Anstatt sich zu positionieren, sagt er so richtige wie nichtssagende Dinge wie „Nähe muss wieder verdient werden".[279] Ob er homosexuelle Paare segnen würde? Jederzeit würde er Menschen, die einen Segen erbitten, diesen auch geben, antwortet er, aber das Band der Ehe um ihre Hände legen sei sakramental nochmal was anderes. Ein klares Ja oder Nein kommt ihm nicht über die Lippen. Als bei einer Sendung die zugeschaltete Clara Steinbrecher von Maria 1.0 einwirft, er stelle sich gegen Rom, kommt er zwar emotional aus der Reserve, lässt die Christenheit aber weiter ohne klare Ansage. Wie

---

[278] Gleich im Januar 2021 schaffte er es entgegen der gesetzlichen Vorgabe, sich gegen Corona impfen zu lassen. Der frisch Konsekrierte war zu dem Zeitpunkt 60 Jahre alt, mindestens 20 Jahre jünger als die über 80-jährigen, die zu dem Zeitpunkt geimpft werden durften und für die nicht immer genügend Impfstoff zur Verfügung stand. Als das anlässlich seiner zweiten Impfung im Februar publik wurde, zog er anstelle einer uneingeschränkten Entschuldigung die Abgabe einer politischen Erklärung vor: Seine Vordrängelei interpretierte er als „Impf-Einladung" eines Altenheims und Seine Exzellenz habe dabei doch nur an die Menschen in seinem Umfeld gedacht, die er habe schützen wollen; „Augsburger Bischof bittet wegen Corona-Impfung um Verzeihung", br.de v. 17.2.2021. Seine Geschichte vom guten Hirten aus Augsburg überzeugt mich nicht

[279] Münchner Runde im Bayrischen Rundfunk v. 9.6.2021

auch immer die Sache ausgeht, hat der Jein-Meier so die richtige Wahl für seine Karriere getroffen.[280]

Nun sind die Reformhirten nicht als Synodale auf die Welt gekommen, auch wären sie als solche dann kaum unter den Pontifikaten 1978-2013[281] konsekriert worden. Erst nach ihrer Weihe formieren sie sich hinter dem Hashtag #deutschehirtendenkennach.[282] Ach, hätten sie das doch vorher getan.

Stars und Gewerkschafter

Sie stehen in der ersten Reihe, aber nicht aufgrund ihrer Glaubensstärke. Überzeugt, sie müssten ihre Nasen in alle zeitgemäßen Umtriebe stecken. Anschließend gerieren sie sich als nachdenkliche Alle-Geschlechter-Versteher und Sexualität-ist-Kommunikation-Experten und wollen jedem Wind die Tore öffnen. Sie kommen, sehen und reformieren. Sternberg führt ihn schon im Namen, aber auch Marx und Bätzing gehören zu diesen Stars. Luther nicht zu vergessen. Sein Geist beflügelt die Methode: Durch jede römische Kritik fühlen sie sich bestätigt. Über Rechtgläubige verhängen sie das Bild vom Angstbeißer wie der Essener Generalvikar Klaus Pfeffer. Er befürwortet Frauenordination und sagt über die, die das nicht wollen, `einige Katholiken reagierten hier aggressiv, weil sie eine „tiefe Angst" spüren.[283] Um Evangelisierung kümmern sie sich nicht, selbst Predigten *versus Frankfurt*[284] künden nur

---

[280] Meiers Weihe der neuen Petrusbrüder 2022 zeigt indes, wie schwierig seine Einordnung bleibt

[281] Johannes Paul II u. Benedikt XVI

[282] Nur ein Vorschlag des Verfassers

[283] „Konfrontation hilft nicht weiter", domradio.de v. 3.5.2021

[284] In Anlehnung an die Richtung des Priesters beim römischen Ritus *versus orientem* – nach Osten

noch von ihrem Reformwahn, fordern jeden Gläubigen auf, dabei mitzuziehen. Man sieht sie volksnah auf allen kirchenkritischen Veranstaltungen, aber nicht in ihren Gemeinden, in denen die Gläubigen sehnsüchtig auf sie warten.

Best of

Marx, Kardinal und Immer-Noch-Erzbischof von München und Freising. Typ: Churchill. Nutzt wie der Brite gegen alle Widerstände Worte ähnlich wie *We will never surrender*, hat aber kaum Argumente. Als Churchill das sagte, hatte er kaum Waffen. Marx sorgt sich, allerdings mit Berechnung: Den Anti-Missbrauchsgipfel im Vatikan Anfang 2019, die Amazonien-Synode Ende 2019 und den Synodalen Weg seit Advent 2019 hat er genutzt. Nicht, dass es ihm in erster Linie um die Missbrauchsopfer, um das Seelenheil der Ureinwohner oder um die Sexualität der Priester gegangen wäre. Konsequent war einzig seine Flexibilität nach Art eines Gewerkschaftsführers: Auf dem Anti-Missbrauchsgipfel forderte er vehement nach absoluter Transparenz, obwohl gerade sein Bistum München vernebelte Daten an die MHG-Wissenschaftler herausgegeben hatte. Ein früheres Missbrauchsgutachten hält er seit 2010 zurück, seine Rolle bei der Missbrauchsvertuschung ist äußerst umstritten. Dennoch hielt Bundespräsident Steinmeier, ein Protestant[285], im April 2021 an der beabsichtigten Verleihung des Bundesverdienstkreuzes fest, erst auf Protest zahlreicher Missbrauchsverbände aus verschiedenen Bistümern verzichtete Marx auf die hohe Auszeichnung. Anfang Juni 2021 erweckt Seine Eminenz mit seinem Rücktrittsangebot[286] den Eindruck, er opfere sich auf der Schlachtbank der Missbrauchstäter, was

---

[285] Braucht Deutschland einen Bundespräsidenten?
[286] Als Erzbischof von München und Freising

für eine Ironie. Er selbst spricht in Rätseln als er sich zu seinem Motiv äußert: „Die nächsten Jahre meines Dienstes würde ich gerne verstärkt der Seelsorge widmen und mich einsetzen für eine geistliche Erneuerung der Kirche, wie Sie es ja auch unermüdlich anmahnen".[287] Ein kroatisches Portal schlug unverzüglich vor, Seine Eminenz als Seelsorger in die Antarktis zu entsenden, sein Nutzen für die Kirche wäre dann endlich spürbar. Indes reicht der Würdenträger sein Gesuch zu einem Zeitpunkt ein, da sich weltweiter Widerstand gegen den Synodalen Weg formiert. Am 16.5.2021 veröffentlicht Clara Steinbrecher von Maria 1.0 ein Interview mit Vinko Kardinal Puljic, Erzbischof von Sarajevo, der klare Worte findet: „Leider wurden in diesem säkularisierten Geist die Dinge verdreht … wenn du nicht so handelst wie du denkst, beginnst du zu denken wie du handelst …".[288] Immer mehr Geistliche sprechen Klartext gegen die deutschen Schismatiker. Reform-Rettung verspricht die Übernahme der Position, die noch in der Hand eines Kanadiers ist. Kardinal Marc Ouellet ist Präfekt der römischen Bischofskongregation, aber mit 78 Jahren bereits deutlich über die Zeit der Regel-Ablösung. Marx ist 68. Bei einer erfolgreichen Bewerbung hätte der Papabile aus Heuchelhausen eine Schlüsselposition für die Einflussnahme auf die Bischöfe der Welt, die sich 2023 in Rom zusammenfinden. Außerdem könnte er seinen Bekanntheitsgrad international stärken im Hinblick auf ein kommendes Konklave. Das passt dann auch genau in die synodale Agenda, denn ihr Abschluss wurde von Oktober 2021 auf März 2023 verschoben. So könnte Marx seinen über fünftausend Kollegen die Synodalbeschlüsse als wahrhaft letzten Schrei unter die Nase reiben.

---

[287] „Kardinal Marx bietet Papst Franziskus Amtsverzicht an", domradio.de v. 4.6.2021

[288] „Interview mit Vinko Kardinal Puljic", mariaeinspunktnull.de v. 16.5.2021

Am Amazonas interessierte ihn weniger die Schöpfung als der Ruf nach Viri probati, stets wurde im Hinblick auf den kommenden Synodalen Weg argumentiert. Und hier offenbarte der westfälische Wahlmünchner in der synodalen Frühschicht[289] seine ganze Beweglichkeit: Während er ein Jahrzehnt zuvor dem Priester Hasenhüttl das Predigen verbot, weil der einem Protestanten die Kommunion gespendet hatte, wurde Marx auf dem Synodalen Weg selbst ein Anhänger der Bätzingischen „Art von Interkommunion". Auf märchenhafte Weise wird auf beiden Seiten des synodalen Altars Gold zu Stroh: Durch Viri probati ist der Spendende nicht länger alttestamentlich noch neutestamentlich kultischer Priester, sondern Laie. Und auf der Empfängerseite soll es keine Rolle mehr spielen, ob die geweihte Hostie in den Mund des sich nur Erinnernden[290] gelangt. Deutsche Bischöfe pirschen im protestantischen Revier und bewerben ihre Trophäen als aus eigener Jagd, aber es ist Wilderei.[291]

Auf den ersten Blick haben Papst Franziskus und sein deutscher Berater Marx[292] nicht viel gemein: Während der Argentinier nach seiner Wahl nicht die päpstliche Etage im Vatikanischen Palast bezog, sondern in dem kleinen Appartement des Gästehauses Santa Marta wohnen blieb, nahm der westfälische Schlossersohn ein Münchner Adelspalais aus dem 18. Jahrhundert in Besitz, aber erst, nachdem es bis 2011 für 8,7

---

[289] Zu Beginn des Synodalen Wegs war Marx noch DBK-Vorsitzender und gehörte dem Präsidium des Synodalen Wegs an

[290] Für Protestanten ist das Mahl eine Erinnerungsfeier

[291] Überdies sind Bätzing die Eintags-Konvertiten offenbar wichtiger als die eigenen Schafe: Denn während die Protestanten keine Vorbereitung auf die Kommunion in Form der Beichte benötigen sollen, bleiben katholische wiederverheiratete Geschiedene von der Kommunion ausgeschlossen, sie dürfen weder beichten noch zur Kommunion, auch ich nicht

[292] Marx sitzt in dem von Papst Franziskus geschaffenen K-9-Rat, einem Beratergremium bestehend aus neun Kardinälen der Weltkirche

Millionen Euro saniert worden war.[293] Von dort stellte Don Spiritus[294] im Februar 2015 fest: „Wir sind keine Filiale von Rom"[295] – natürlich nicht, schon wegen der Größenverhältnisse. Schismatisch oder dominant, die Äußerung klingt sechs Jahre später jedenfalls weitblickend. Auch bei der inneren Haltung gegenüber der eigenen Religion verwundert die Pontifex-Berater-Beziehung: Während der oberste Brückenbauer klarstellt, dass die Katholische Kirche keine Vollmacht für die Frauenordination hat, lässt sich sein deutscher Berater von einer Frau Reden schreiben, die selbst Autorin eines Buches „Der Weiberaufstand"[296] ist und offen für Frauenordination eintritt.

Die ökumenische Kreuzabnahme

Der natürliche Lebensraum des katholischen Priesters ist der Tempel. Das ist das zurzeit nichtexistente Gebäude in Sichtweite von der Stelle, wo der Katholik Marx und sein evangelischer Freund Bedford-Strohm im Oktober 2016 ihre Brustkreuze ablegten. Marx` Nachfolger Bätzing wird im März 2020 von der „sprichwörtlichen" „Freundschaft" der beiden sprechen[297] – rührend. Von diesem geheiligten Land strömt der Geist Gottes in die Welt. Es war besetzt von den religiösen Erben eines Kalifen, der um das Jahr 1009 im Begriff war, das Grab Jesu Christi zu zerstören. Al Hakim war wahnsinnig[298], und Heerscharen folgten ihm. Anstatt sich an diesem

---

293 „Marx residiert in millionensaniertem Prunkpalais", welt.de v. 10.7.2012

294 Marx` bischöflicher Wahlspruch lautet *Ubi Spiritus Domini Ibi Libertas* – Wo der Geist des Herrn ist, da ist Freiheit

295 „Wir sind keine Filiale von Rom", kath.net v. 26.2.2015

296 Christiane Florin, Kösel-Verlag, 2017

297 Catholicnewsagency online v. 5.3.2020

298 Vielleicht noch einen Ticken schlimmer als der Synodale Weg

Ort – wo sonst als an diesem Ort? – nach der Ewigkeit auch für seine Schafe zu strecken, legt jener mit einem unterwürfigen Grinsen sein Brustkreuz ab und begründet das später mit Gastfreundschaft gegenüber Juden und Muslimen als dortige Inhaber des Hausrechts.[299] Nur: Die hatten ihn gar nicht darum gebeten. Mit seinem vorauseilenden Gehorsam zeigt Marx eine Haltung vom Katholischen als zweitklassiges Derivat anderer Religionen. Eine Schande für Deutschlands Katholiken. Warum sollen die Schafe dem Hirten folgen, wenn der selbst den Weg des Herrn verlässt?

Marx legt noch einen drauf: Seine Kritiker ermahnt er, aus seinem Tempelbergauftritt müssten alle lernen.[300] „Denn wir gehen mit diesen hochsensiblen Orten immer noch nicht sehr sorgfältig um".[301] Hallo Nebelkerze, geht`s noch? Zu Recht warf man ihm vor, dass andernorts Christen für ihren Glauben sterben. Sehen wir es ihm nach, dass nicht jeder hohe Geistliche auch zum Märtyrer taugt.

Du bist die einzige Wahrheit; lehre uns,
sie in aller Klarheit der materialistischen und
orientierungslosen Welt zu verkünden
Gebet für Deutschland von Robert Kardinal Sarah

Überhaupt hat der ehemalige deutsche Oberhirte einen Hang zur „Kreuzabnahme". Der Trendsetter in Purpur widersprach dem bayrischen Ministerpräsidenten Söder, als der für die

---

[299] Hintergrund: Die muslimische Familie Nuseibeh ist seit 1.300 Jahren im Besitz des Schlüssels für die Grabeskirche, unterbrochen von 88 Jahren des Besitzes durch die Kreuzritter. Wer den Schlüssel in vormuslimischer Zeit seit dem Bau der Grabeskirche im 4. Jahrhundert hatte, ist ungeklärt

[300] „Marx: Aus Tempelberg-Auftritt müssen alle lernen", katholisch.de v. 11.12.2016

[301] aaO

Wiederanbringung der aus öffentlichen Räumen entfernten Kruzifixe plädierte. Deren Verbannung begann 1995 mit der teilweisen Aufhebung der bayrischen Volksschulordnung, die eine Anbringung eines Kruzifixes in jedem Klassenraum vorsah.[302] Seitdem hat die Kruzifixverbannungsbewegung eine gewisse Tradition und sieht sich selbst als Propagandisten angeblicher Religionsfreiheit. Der frühere bayerische Kultusminister Hans Maier weist aber zutreffend darauf hin, dass die positive Religionsfreiheit aus dem Christentum kommt, die negative aus radikalen Strömungen der Aufklärung, „Schule braucht positive wie negative Religionsfreiheit".[303] Das Bundesverfassungsgericht schützt mit seinem Urteil jedoch lediglich die negative Religionsfreiheit und ordnet ihr die positive unter. Damit macht es sich zum Sprachrohr der Nichtchristen. Ist das in einem traditionell christlichen Land wirklich richterliche Unabhängigkeit? Bezeichnenderweise stellte Maier in persönlichen Gesprächen mit den Richtern biografische Gründe für deren Urteilsfindung fest. Solche Vorzeigedemokraten zeigen sich besorgt, wenn 8.000 km entfernt[304] Kreuze von Kirchtürmen gestürzt werden,[305] verbannen aber persönlich die Kreuze aus ihrer Heimat, auch der bayrische Kreuzerlass hielt ihrer Urteilsfindung ja nicht lange stand. Gregor Maria Hanke, Bischof von Eichstätt, warnte dagegen: „Wer religiöse Symbole wie das Kreuz aus dem öffentlichen Leben unseres Landes verbannen will, muss wissen, dass er gegen die Wurzeln des Baumes vorgeht, an dessen Früchten er partizipiert".[306]

---

[302] vgl. die Entscheidung des Bundesverfassungsgerichts 1 BvR 1087/91

[303] domradio.de v. 25.5.2020

[304] Zwischen Karlsruhe und Peking liegen 7.876,31 Luftlinie

[305] China lässt Hunderte Kreuze von Kirchen abreißen, domradio.de v. 30.6.2020

[306] bistum-eichstätt.de v. 6.7.2018

Bätzing, Limburg. DBK-Vorsitzender und Erfinder einer anderen „Art von Interkommunion". Vertritt theologiefern infantile Glaubenssätze. Zitat Bätzing am 28.5.2020: „Da haben Katholikinnen und Katholiken, die einen Querschnitt unserer Kirche abbilden, begonnen, sich untereinander zu vergewissern, was heute katholisch zu nennen ist." Fast unterstellt man dem frischgewählten DBK-Vorsitzenden Ironie. Doch er stellt unmissverständlich klar: „Wenn es darum geht, stehe ich ganz auf der Seite der Visionäre". Aber was sind Visionäre ohne Vision? Je weiter vom Bekenntnis entfernt, desto größer sind die Chancen auf synodale Begeisterung. Als wache er über eine Abwesenheit Roms, verkündet Bätzing im Dezember 2020, er halte eine Segnung homosexueller Paare für geboten, auch ohne Approbation Roms.[307] So oft wie Bätzing von Demokratie spricht, sie lobt, beschützt, hofiert und „in Gefahr" sieht, scheint sich der Kirchenmann mehr um die Politik zu sorgen als um die Kirche und erweckt dabei den Eindruck der Unzertrennlichkeit von der einmal liebgewonnenen Volksherrschaft. Einerseits schwingt da die Angst vor einer in Deutschland nahenden ungesicherten Staatsmacht mit, die seine Kirchendemokratisierung dann nicht mehr unterstützen könnte. Andererseits weiß er seine Reformziele theologisch nicht zu begründen, weshalb er lieber auf die Sturmtruppen demokratischer Mehrheiten vertraut. Und auf die Stimmen der Politiker, die sich wiederum nicht nur in ihr Geschäft, sondern auch in die Bereiche katholischer Souveränität einmischen, wofür ihnen jegliches Mandat fehlt.

Als „freundlicher Kommunikator statt Kirchenfürst" wird er nach seiner Wahl zum DBK-Vorsitzenden Anfang März

---

[307] Bätzing will Segnung homosexueller Paare, Die Tagespost online v. 29.12.2020

2020 beschrieben. Einige mögen das. Wer „seine Leute" sind, beantwortet der Sukzessor höchstpersönlich: Die von Maria 2.0.[308] Das sind die mit den losen Enden, die der Muttergottes ein Update verpassen wollen. Nach einem ausgewogenen Vermittler hört sich das aber nicht an. Die Aufhebung des Pflichtzölibats könne er sich gut vorstellen. Er wisse aber, dass Jesus so (i.e.: im Zölibat) gelebt habe. Kurioserweise steht ihm bei seinen Plänen dann doch der Priester im Weg: Es ende „eine Zentrierung auf den Priester, die ich und viele andere auch nicht mehr wollen".[309] Den Ausschluss der Frauen vom Priester- und Bischofsamt sehe er kritisch, weil sie in der gesellschaftlichen Umgebung den Männern schon gleichgestellt seien.[310] Der Zeitgeist weht stürmisch in Limburg. Und dass es Veränderungen geben wird, steht für den neuen DBK-Vorsitzenden schon fest: „Wir Bischöfe haben den Synodalen Weg beschlossen und gehen ihn mit. Am Ende wird es im Sinne der Beschlüsse Koalitionen geben, die Veränderungen setzen".[311] Das kann auch niemanden wundern, der weiß, wie die Synodalen ausgewählt wurden.

Erst kreieren, dann kuscheln

Zum synodalen Thinktank gehört auch ein Komitee[312], ein Begriff wie ein Relikt aus dem real existierenden Sozialismus, aber an seiner Spitze steht ein Katholik. Er hieß bis Herbst 2021 Prof. Thomas Sternberg und es zahlt sich aus, sich diesen

---

[308] „Bätzing in Reformen bei Visionären", domradio.de v. 28.5.2020

[309] „Nach synodalem Weg: Bischof Bätzing spricht sich für Synode in Rom aus", katholisch.de v. 28.5.2020

[310] „Bischof Bätzing Vorsitzender der Bischofskonferenz", domradio.de online v. 3.3.2020

[311] „Bätzing in Reformen bei Visionären", domradio.de v. 28.5.2020

[312] Zentralkomitee der deutschen Katholiken

Namen zu merken, denn es sind seine Tricks, die die Kirche bedrohen.

Typ: Zweitbester Freund. Seine Männerfreundschaft mit Marx ist allbekannt und wird nur von dem ewigen Bund Marx/Bedford-Strohm überstrahlt. Sternberg rühmt immerfort das Zeitalter der Aufklärung. Offenbar entgeht ihm, dass der aufgeklärte König Friedrich der Große, glühender Fan des protestantischen Aufklärungs-Philosophen Immanuel Kant, der Auffassung war, „ein jeder möge nach seiner Facon selig werden". Konkret ging es um die Frage der Abschaffung katholischer Schulen im protestantisch dominierten Preußen. Der Monarch lehnte das ab und notierte den berühmten Satz. Seine protestantische Majestät stand für Toleranz, der katholische Logenchef steht für reformerischen Absolutismus im Umgang mit seinen eigenen Glaubensgeschwistern. Methode: Ohne Abbau der Dogmen kein Fortschritt – basta!

Auf Sternberg folgte 2021 Irme Stetter-Karp ins ZdK-Präsidenten-Amt. Ihr Funktionärs-Wunsch Nr. 1: Katholische Bischöfinnen.[313] Der Zeitgeist bleibt auf Kurs.

Logen, Gilden und Cartelle

Unter dem ZdK mag man sich eine Organisation mit Millionen Mitgliedern vorstellen.[314] Ist es aber nicht. Das ZdK ist ein eingetragener Verein, gleich einer Kegel-Clique, und funktioniert so: Seine Mitglieder sind überwiegend keine natürlichen Personen, sondern Verbände. Diese Verbände sind Logen,

---

[313] „Katholische Bischöfinnen? Ja, das hoffe ich", CNA online v. 24.5.2022

[314] Auf seiner Internetpräsenz beruft sich das ZdK auf das Dekret des II. Vatikanum „Apostolat der Laien", Ziff. 26. Dort heißt es, in den Diözesen sollen beratende Gremien von Laien eingerichtet werden. Von einem „ZdK" ist dort aber keine Rede

Gilden und Cartelle. Jene wiederum bestehen aus sogenannten Freundeskreisen. So gehört ZdK-Präsident Sternberg dem Cartell Rupert Mayer an, das 33 Freundeskreise mit insgesamt rd. 1.200 Mitgliedern stellt. Web-Auftritte der Logen, Gilden und Cartelle lassen nicht erkennen, wofür die Gruppierungen stehen. Nebulös ist von „Diskussionen", „Erfahrungsaustausch" und „gruppenübergreifenden Aktivitäten" die Rede. Gemeinsames Champions-League-Gucken bei Bier und Nüsschen?

Kein geringerer als Kardinal Marx sprach am 12. Oktober 2013 das Grußwort zum Herbstkapitel genau dieses Sternbergschen Cartells Rupert Mayer. Bezeichnenderweise waren Marx und Sternberg später die Initiatoren des Synodalen Weges.

Fragliche Repräsentation

Zum innersten synodalen Personenkreis gehört auch die nicht enden wollende Liste von Berufspolitikern, die für einen der 45 Sitze der Einzelpersönlichkeiten im neuen *ZdK 2021 plus* kandidierten und auch „gewählt" wurden. Am 20. April 2021 wurden im ersten Wahlgang bereits 27 Kandidaten gewählt, am 23. und 24. April 2021 die weiteren 18. Von den neuen 45 Einzelpersönlichkeiten waren: 26 Frauen, 16 Professoren, 11 Doktores[315], 3 Landtagsabgeordnete, 4 Bundestagsabgeordnete[316], 2 Europaparlamentarier. Sollen jene habilitierten Berufspolitiker wirklich den katholischen Querschnitt abbilden, von dem Bätzing sagt, er sei bei diesen Visionären?

Es kommt noch besser.

---

[315] Ohne gleichzeitig Professor zu sein
[316] Auch ehemalige

10 der 45 neu Gekürten ZdK-ler sind oder waren vorher[317] Mitarbeiter bei der DBK oder aufs engste mit ihr verbunden: Johanna Beck, Mitglied im DBK-Betroffenenbeirat; Prof. Alexander Filipovic, Berater der publizistischen Kommission der DBK; Dr. Anna Grebe, Beraterin der katholischen Filmkommission der DBK; Bernd Hagenkord SJ, geistlicher Begleiter der DBK auf dem Synodalen Weg; Prof. Andreas Lob-Hüdepohl, ZdK-Vertreter in der Gemeinsamen Konferenz von ZdK und DBK; Prof. Anja Middelbeck-Varwick, Beraterin der DBK; Johannes Norpoth, Sprecher des Betroffenenbeirats der DBK; Prof. Dorothea Sattler, ZdK-Vertreterin in der Gemeinsamen Konferenz von ZdK und DBK; Prof. Matthias Sellmann, Grundsatzreferent der Katholischen Sozialethischen Arbeitsstelle des DBK; Prof. Thomas Söding, Berater der Glaubenskommission der DBK. Und die DBK besteht selbst ganz überwiegend aus Synodalen. Dieses Wahlverfahren oder besser: Ernennungsverfahren, bei dem man sich die Garanten der eigenen Auffassung beim Partner ausleiht, gewährleistet synodale Reformen um jeden Preis.[318] Stellen Sie sich vor, unsere Volksparteien würden in einem neuen „Bundeswahlgesetz i.d. Fassung v. 2022" regeln, nicht mehr 60 Millionen Bürger dürften wählen, sondern nur Stammwähler der Regierungsparteien![319] In welcher Not muss sich das ZdK befinden, um auf die Wahl-Methoden einer Bananenrepublik zurückzugreifen?

---

[317] meist zivile

[318] Falls sie die synodalen Erwartungen dann doch nicht erfüllen, kann man sie, wie in anderen Ligen üblich, vielleicht zurückgeben, wenn sie im Sturm nichts taugen

[319] Dann dürften Millionen nicht mal mehr die beiden berühmten Kreuzchen setzen!

Werden nun Millionen deutsche Katholiken von diesen Einzelpersönlichkeiten angemessen repräsentiert[320], wenn mehr als fünf Neuntel Frauen, ein Fünftel Berufspolitiker[321] und weit mehr als die Hälfte promoviert oder habilitiert sind, während umgekehrt nur jeder Hundertste Katholik Doktor oder Professor ist? Spiegelt wenigstens ein Teil dieser Zahl 45 auch den Katholikenanteil, der es wagt, gegenüber den vier synodalen Zielen vehemente Kritik zu üben? Wie kann eine zugewählte Irme Stetter-Karp[322] als Genderbeauftragte der Caritas dem Synodalthema „Sexualität in gelingenden Beziehungen" ergebnisoffen gegenüberstehen? Wird der neugewählte Peter Kossen die Frage der Segnung homosexueller Partnerschaften kritisch hinterfragen, obwohl der Bischof[323], der ihn zum Monsignore machte, die ablehnende Klarstellung der Glaubenskongregation hierzu bedauert? Ist die lesbische Theologin Rahner als frischgebackene Einzelpersönlichkeit bereit, unvoreingenommen über synodale Themen zur Sexualität zu sprechen oder wird sie Akzeptanz mit der Minderheiten-Opferrollen-Methode durchzusetzen suchen anstatt theologisch? Neuzugang Daniel Günther MdL trat schon bisher offen für das Adoptionsrecht von Homosexuellen ein, an seinem entsprechenden Votum ist nicht zu zweifeln. Alles nur eine glückliche Fügung für das synodale ZdK? Oder ist es Kalkül, dass genau die jetzt ins ZdK gewählt wurden,

---

[320] Es geht hier nicht um die Frage der Hochkarätigkeit der Ernannten in ihren Fachbereichen wie Klimaforschung (Prof. Ottmar Edenhofer) und Lobbyismus (Hildegard Müller), sondern um Repräsentation von deutschen Katholiken

[321] Verteilt auf die deutschen Katholiken ist nur etwa jeder Neuntausendste Abgeordneter in einem Landtag oder im Bundestag

[322] Im November 2021 folgt Dr. Irme Stetter-Karp auf Prof. Thomas Sternberg an der Spitze des ZdK

[323] Timmerevers

die 2019 einen offenen Brief an Kardinal Marx schrieben, in dem sie „Neustart mit der Sexualmoral mit einer verständigen und gerechten Bewertung von Homosexualität" forderten sowie „echte Gewaltenteilung in der Kirche und der Abbau der Überhöhung des Weiheamtes und seine Öffnung für Frauen"? In dem Brief war bereits alles drin, was die DBK im selben Jahr für den Synodalen Weg beschloss. Mit der Akquisition jener Briefautoren sucht man nicht die Repräsentation von Deutschlands Katholiken, sondern die völlige Kongruenz von Themen und Voten.[324]

Man sorgt dafür, das Synodale von Synodalen repräsentiert werden anstatt die Kirche von Katholiken. Das Instrument der „zugewählten Mitglieder" aus dem Reformpersonal der DBK ist die Daumenschraube im Frankfurter Inquisitionsprozess gegen romtreue Bischöfe. Programmatisch schöpfen ZdK und DBK aus elitären Problemlösungsressourcen von 1789, denn entgegen der Parole „Freiheit, Gleichheit, Brüderlichkeit" hatte bei der Französischen Revolution ja auch nicht das Volk das Sagen, sondern eine jakobinische Elite. So wird auch jetzt auf den reichen Fundus deutscher Katholiken sorgfältig verzichtet, obwohl man behauptet, genau diesen zu repräsentieren. Wenn die Synodalen aber das Gegenteil von dem tun, was sie behaupten, dann sind sie Lügner und ist ihr Weg verlogen.[325]

---

[324] Auch wenn nicht alle 45 Einzelpersönlichkeiten Mitglied der Vollversammlung des Synodalen Wegs sind, bilden sie doch dessen eiserne Reserve

[325] Es wird hier nicht bestritten, dass unter den 45 Einzelpersönlichkeiten einige sind, die es gut meinen mit dem Katholizismus. So ließ Dr. Olaf Tyllack alles stehen und liegen, als die Grüne Bärbl Mielich forderte, die ärztliche Bereitschaft zu Schwangerschaftsabbrüchen zur Einstellungsvoraussetzung an Universitäten zu machen. Tyllack argumentierte mit beeindruckenden Argumenten dagegen, u.a. mit dem Lebensschutz, und das Scheitern der Mielichen Initiative gegen Ungeborene geht sicher auch auf seinen konsequenten Einsatz zurück. Es muss aber auch erwähnt werden, dass Tyllack Bundesvorsitzender von donum vitae ist,

Es gab Alternativen

Wo sind unter den ZdK-Einzelpersönlichkeiten und auf dem Synodalen Weg die katholischen Altenpfleger und Artisten, Bäcker und Busfahrer, Handwerker und Hebammen, IT-ler und Industriekaufleute, Kellner und Kaufleute, Landwirte und Logopäden, Metzger und Mechaniker, Polizisten und Pflegekräfte, Rentner und Rettungssanitäter, Sozialhilfeempfänger und Schuster, die ohne bunten Reformfirlefanz einfach nur katholisch sein wollen? Die an Gottvater und nicht an Gottmutter glauben, wie in einer Handreichung des Bistums Hildesheim v. 11.6.2021 unter Ziffer 19 beworben und an Christus unseren Herrn und nicht an Bruder Jesus?[326] Sich selbst widersprechend heißt es dann weiter aus Hildesheim: „... und Gott ist weder männlich noch weiblich", also geschlechtslos. Dann wäre das Glaubensbekenntnis knallfalsch, in dem es heißt: „... gezeugt und nicht erschaffen ...", denn ein geschlechtsloses Wesen kann nicht zeugen. Die Frage ist, ob Hildesheim die Gläubigen für solche Weicheier hält, dass sie sich jedem Unsinn beugen und fortan an die neuen Göttinnen glauben oder ob bewusst eine zeitgemäße Verwirrung gestiftet wird, um anschließend die Geister scheiden zu können. Belächeln hilft nicht, wir müssen solchen Bischöfen Widerstand leisten.

dem Verein, der Beratungsscheine für Schwangerschaftsabbrüche ausstellt, seit Johannes Paul der Große der Kirche in Deutschland aufgegeben hatte, aus eben dem staatlichen Beratungssystem auszusteigen

[326] aaO

Noch ein Denker

Nicht nur Overbeck denkt nach. Heiner Wilmer, Bischof von Hildesheim, fragt schon im April 2019: „Ich denke bisweilen[327]: Wer bestimmt eigentlich, was katholisch ist?" Dabei ist die Antwort ganz leicht: „Offenbarung, Tradition und Lehre, Exzellenz".[328] Und im Zweifel die Glaubenskongregation und der Papst. Der Ex-Generalobere[329] weiß auch genau, warum selbst nach dem Beschluss, der 2019 den Synodalen Weg eröffnete, Hunderttausende aus der Kirche austraten: Weil es ihnen nicht schnell genug gegangen sei mit den Reformen – und nicht etwa, weil ihnen die völlig egal waren. Mit so hochkarätigen Analysten kann synodal doch eigentlich nichts mehr schiefgehen.

Die Sturmtruppen

Viel Sport und künstlerische Betätigung helfen zwar gegen kollektive Psychosen. Nur sind manche zu bequem, ihren Priesterrock gegen Jogginghosen und Pinsel zu tauschen, sonst hätten wir weniger Probleme mit den Reformhelden. Sie benutzen lieber die Rhetorik des mutigen Minderheiten-Widerstandes, obwohl sie unter den 69 deutschen Bischöfen längst die absolute Mehrheit bilden: Die Sturmtruppen der Revolution. Mutig finden sie sich selbst und betonen das bei jeder Gelegenheit, wissend, dass die Kirche keine Soldaten hat.[330] Bischof Feige[331] spricht ausdrücklich von Mut[332] und plädiert genau in diesem

---

[327] Immerhin!

[328] Priesterseminar, 1. Studienjahr

[329] Kongregation der Herz-Jesu-Priester

[330] Die Schweizergardisten beschützen den Papst, aber nicht die katholische Kirche

[331] Magdeburg

[332] „Mutiger darauf einlassen", domradio.de v. 6.5.2021

Zusammenhang offen für Demokratie in der Kirche. Seine Vision: Mut ist Demokratie ist Mut. Petrus und Paulus sind dann nur noch Wahlhelfer, nachdem man Jesus in die Opposition geschickt hat, schließlich wollen Synodale bevorzugt eine göttliche Tochter verehren. Wie soll die Kleine denn heißen?

Halstuchtheologinnen

Sie tragen es als Erkennungszeichen, sehen aber aus, als wären sie permanent am Ärmelkanal: das lange Halstuch. Weit interpretiert wäre, es als Symbol von Alpha und Omega zu bezeichnen, schließlich hat es weder Anfang noch Ende und wird von oben über den Kopf bis zum Hals runtergezogen, dann zur Acht gedreht und dieser Vorgang mehrmals wiederholt, je länger der Hals, desto öfter, quasi eine Giraffenmode weitab der Savanne. Pastelltöne dominieren unter kurzen Haaren und sie drehen es[333] so oft, dass sie beim Sprechen würgen. Durch lustige Brillen verlesen sie scheinbar harmlose Leitsätze, damit sich ein jeder Nichtkatholik maximal wohlfühlt. Anstatt konsequent nach der Wahrheit zu suchen, verfälschen sie Bibeltexte. Junia soll eine Frau und darüber hinaus – rückwirkend nach 2.000 Jahren – gleich eine Apostelin gewesen sein. Den Weg suchen sie noch, sprechen selbst von „losen Enden", die Leute von Maria 2.0, sind also eher Pfadsucher als -finder.[334] Durch ihre graue Humorlosigkeit friert die Hölle zu. Sie updaten die Jungfrau und imitieren Luther: Mitte Februar 2021 kleben sie unter „Thesen 2.0" wie der große Schismatiker 500 Jahre zuvor mit erhobener Faust Plakate an zahlreiche deut-

---

[333] Das Tuch!

[334] Laut der Maria 2.0 Mitinitiatorin Elisabeth Kötter habe die Bewegung „lose Enden" und lädt alle ein, die noch Anschluss für allerlei Forderungen an den Synodalen Weg haben, Hauptsache Protest, „Maria 2.0 setzt in Corona-Krise auf virtuellen Protest", domradio.de v. 6.5.2020

sche Kirchen und verteilen Handzettelchen. Zu meiner Überraschung steht dort aber nicht „sieben Mittfünfzigerinnen
suchen neue Identität", sondern umgekehrt: Sieben Thesen,
mit denen die Damen von Maria 2.0 der Heiligen Jungfrau ein
Update verpassen wollen. Aus milde lächelndem Mund sagt
Handzettelverteilerin Christina Hock wörtlich: „Es gab auch
Frauen, die den Handzettel nicht haben wollten, weil sie die
Aktion nicht verstehen".[335] Denn wenn die Frauen die Aktion
verstanden hätten, so Hocks zwingende Reformlogik, dann
hätten sie die Handzettel ja genommen. Hock für Dummies:
Wer versteht, ist synodal. Hätten die Mariazwei-Nuller mehr
Format, man müsste ihnen Zynismus vorwerfen.

Müssen wir wirklich versuchen, solche Brandstifter vor dem
Feuer zu retten?

„Wir sind Kirche", der „Frauenwürde e. V." und „Ordensfrauen
für Menschenwürde" sind weitere Bewegungen, die Frauen in
den Männern vorbehaltenen Ämtern der Kirche sehen wollen.
Den Zölibat wollen sie abschaffen, schließlich will man zwar
Priesterin sein, aber nicht enthaltsam, das wäre ja noch schöner.
Die Bewegungen experimentieren offen mit der heiligen katholischen Kirche, denn während sie noch am eigenen Findungs-
prozess tüfteln, wollen sie ohne Mandat in der zweitausend Jahre alten Kirche keinen Stein auf dem anderen lassen.

Arbeiter

Neuzeitliche Straßenbautrupps fallen auf Autobahnen dadurch
auf, dass sie aus fünf bis sechs Escalation-Managern und einem
Arbeiter bestehen. Sie erkennen das bei Tempo 40 auf einen

---

[335] tagesthemen v. 21.2.2021, 23.15 Uhr mit Aufnahmen und Interview des
Bayrischen Rundfunks BR

Blick: Hans M. schwitzt und schaufelt, die anderen bilden einen Halbkreis um ihn und planen, beraten und optimieren. Letztere sind enorm wichtig, ersterer aber unentbehrlich, denn ohne ihn geht nix. So ist`s auch auf dem Synodalen Weg:

Ackermann, Trier, Polier. Imitiert etwas ungelenk die Faustgestik von Marx.[336] Null Charisma. Nimmt auf Fotos mit Marx den Lutheraner Bedford-Strohm gern in die Mitte. Sein stolzes Vorzeigeprojekt Mega-Pfarreien im Bistum Trier wird vom Vatikan gnadenlos gestoppt. Von der DBK zum Missbrauchsexperten verdonnert. Ackermann wurde stets von der Presse gedrückt und hatte auch noch die DBK-Kollegen am Hals. Die Presse wollte hohe Schmerzensgeldbeträge sehen, die Bischofskollegen erst mal gucken. In dieser Zwickmühle hatte es Ackermann nicht leicht, denn die deutschen Bistümer sind unter den reichsten der Welt und mit dem Wohlstand wächst die Angst, ihn zu verlieren. Nachdem er 10 Jahre zwischen den Stühlen mit Matthias Katsch vom Eckigen Tisch verhandelt hat, opponiert Katsch, worauf Advokat Ackermann dessen Vollmacht rügt und damit alles infrage stellt, was bisher verhandelt wurde. Er hat wahrlich viel geackert, aber jetzt wirft er hin.[337]

Pater Langendörfer SJ, graue Abstinenz: Asketisch sparsam, man munkelt, er trage sogar den Anzug seines großen Bruders auf. Dass er davon auch bei seiner Visite im Vatikan keine Ausnahme macht, verursacht bei deutschen Katholiken Fremdschämen. Bis Januar 2021 Sekretär der DBK. Gilt als einer der Synodalinitiatoren. Gehört vermutlich zum Marschgepäck von Reinhard Marx, wenn der sich in Rom um die Nachfolge von Marc Ouellet als Präfekt der Bischofskongregation bewirbt.

---

[336] Dem Kleriker, nicht dem Kommunisten
[337] Zum Herbst 2022

Heße, Erzbischof von Hamburg und seinerzeit Geistlicher Assistent i.R. des ZdK. Ließ sein Amt erst mal ruhen, nachdem er im Fokus des Gercke-Gutachtens stand. Wünscht sich auch im Hinblick auf Homosexuelle eine neue katholische Sexualmorallehre. Ausgerechnet S.E., die denen so nahesteht, die das Problem im System ihrer Kirche sehen, stand seit März 2021 persönlich im Mittelpunkt der Gercke-Studie zum sexuellen Missbrauch. Er soll ihn gedeckt haben. Steile Karriere von oben nach unten, zurzeit aber zurück auf der Baustelle.

Souffleure

Sie sitzen nicht im Plenum der Stars, flüstern ihnen aber zu: Theologe Paul Zulehner, Wien, und Althistoriker Hartmut Leppin, Frankfurt/M. Wussten Sie, dass Leppins Lehrstuhl vom deutschen Staat bezahlt wird? Rechtsgrundlage ist einmal mehr die Fortgeltung des Reichskonkordats von 1933 zwischen dem Heiligen Stuhl und dem Dritten Reich. Es überrascht deshalb nicht, dass die Bezahlten säkulare Haltungen verbreiten. Nachfolge Jesu, dem König der Könige, können sie nicht leben, wenn sie den Republikanern permanent nach dem Mund reden.

Das Mantra vom „Mut" derer, die Reformen am lautesten fordern, bemüht der Theologe Zulehner dann auch fleißig.[338] Als seien die Synoden-Kritiker feige und wer am stärksten in der Opposition ist, der Oberfeigling. Tatsächlich fordert er an gleicher Stelle ein „Kirchenparlament auf Bistumsebene", bei dem Laien und Bischöfe gemeinsam Entscheidungen treffen[339] und geißelt die bestehende Struktur als „Feudalklerikalismus", der das Gottesvolk in „Dauerdemütigung" halte. Eine schöne Rhetorik, aber sie entwaffnet die Kritiker nicht: Sonst

---

[338] Paul Zulehner in seinem Blog am 5.2.2020

[339] aaO

wäre auch Jesus ein Despot, weil er die Macht hat, einen Simon zum Petrus zu machen.

Dabei scheint der Griff zur Macht gerade auf der Reformerseite durch: Es ist ja keineswegs so, dass jeder Gläubige künftig autonom über Kirchendinge entscheiden können soll. Die Macht der Bischöfe will man ersetzen durch die Macht der Kirchenparlamentarier über das Gottesvolk. Revolutions-Direktorium ersetzt dann apostolische Sukzession. Mitnichten ist geplant, dass kleine Beter was zu sagen kriegen.

Und Leppin? Der ist Protestant. Dennoch hat auch er was zum Zölibat zu sagen. „Wer ... vom Zölibat die Existenz der Kirche abhängig mache, sei kleinmütig", wird er kurz vor Beginn des Synodalen Weges wiedergegeben.[340]

Kurz: Deutsche Bischöfe setzen uns „kleinmütigen" katholischen Laien protestantische Laien vor, die darüber entscheiden sollen, woran wir zu glauben haben.

Hinterbänkler

Ein ungewohntes Schattendasein fristen ausgerechnet die Bischöfe, deren enorme Popularität nicht dem Zeitgeist geschuldet ist. Es sind die, die stets für ihre Herde da sind und einfach nur katholisch sein wollen: Hanke, Ipolt, Oster, Voderholzer, Woelki.[341]

Und Laien wie Johannes Schaan vom Priesterrat Berlin, der

---

[340] „Synodaler Weg stellt priesterliche Lebensform auf den Prüfstand", katholisch.de v. 12.9.2019

[341] Aufgezählt sind hier Diözesanbischöfe, aber auch unter den emeritierten und Weihbischöfen gibt es einige wenige, die auf dem Synodalen Weg zur Opposition gehören oder zumindest eine sehr kritische Haltung dazu haben, so die Weihbischöfe Ansgar und Schwaderlapp

bei der ersten Synodalsitzung am 1.2.2020 erklärt, er sei bereit, Spott und Häme für die katholische Sexualmoral auf sich zu nehmen, und Dorothea Schmidt von Maria 1.0. Sie gehört wie Schaan zu denen, die nur alibihaft von der DBK nachbenannt wurden, weil die Bischofsminderheit – in dem Fall Seine Exzellenz Rudolf Voderholzer – auf deren Nominierung drängte, damit wenigstens irgendjemand wahrhaft katholisches aus dem Laientum anwesend sei.

Woelki, Köln, der Verfolgte, zelebriert seit 2014 die Messe im Dom von Meister Gerhard. Machte 2015 mit 23.000 Glockenschlägen auf jeden der bis dahin im Mittelmeer ertrunkenen Flüchtling aufmerksam. Ein gestrandetes Flüchtlingsboot ließ er im Dom dort aufstellen, wo im Advent die Krippe steht. Er war 2017 der Erstunterzeichner der Initiative Mission Manifest, die Neuevangelisierung betreibt. Will keine normative Ausweitung der ausnahmsweise erteilten Kommunion an konfessionsverschiedene Eheleute.

Hanke, Eichstätt, der Konsequente. Benediktinermönch. Tut etwas, was nicht mehr selbstverständlich ist: beten. War bis zu seiner Konsekration Abt. Er rügt den Synodalen Weg als nicht geistlich genug und vermisst, was der Heilige Vater in seinem Brief an die deutschen Katholiken angemahnt hat: Neuevangelisierung. Der päpstliche Brief sei „weithin folgenlos geblieben".[342] Er hätte viel zu sagen, schweigt jedoch.

Ipolt, Görlitz, tiefgläubiger Thüringer, sein Bischofssitz liegt an einem alten Pilgerweg. Lehnt Segnung Gleichgeschlechtlicher ab, warnt vor dem Eindruck einer kirchlichen Trauung. Sein Bistum führt selbst im Coronajahr 2020 deutlich die Statistik der Gottesdienstbesucher an.[343]

---

[342] „Synodaler Weg: Hanke mahnt zu geistlichem Prozess", die-tagespost.de v. 20.1.2020

[343] 12,6 % gegenüber den durchschnittlichen 5,9 %, domradio.de v. 16.10.2021

Voderholzer, Regensburg, der Standhafte. Hat das Format zum DBK-Chef. Mitglied der vatikanischen Kongregation für die Glaubenslehre. Liest wie Merkel Akten von A – Z. Wird zu Beginn des Synodalen Wegs mit seiner Forderung, ein Gutachten zur Kausalität des Zölibats für den Missbrauch zu beauftragen, nicht gehört. Man könne nicht warten, heißt es von Reformerseite. Inzwischen wäre ein solches Gutachten längst erstellt.

Oster, Passau, Typ: Menschenfischer. Der Bischof von Passau ist Ende Fünfzig mit dem Aussehen von Ende Dreißig und der Erscheinung eines Models, aber der Altar ist sein Catwalk und man glaubt ihm das. Oster ist Pater der Salesianer, eine von Don Bosco gegründeten Ordensgemeinschaft, die weltweit Bildungseinrichtungen für Kinder und Jugendliche betreibt. Er behauptet nicht, „die überwältigende Mehrheit" hinter sich zu haben, obwohl 16.885 Personen die Facebook-Seite von Stefan Oster gefällt[344], während die Facebook-Seite des Synodalen Weges nur 2.338 geliked haben.[345] Er sagt schlicht: „Im Grunde wollen viele treue Gläubige unter uns einfach nur katholisch sein – und den Glauben so empfangen und leben, wie ihn die Apostel, die Schrift, die Tradition und die Liturgie überliefern und feiern".[346]

Zum Missbrauch sagt er, während seiner bisher fünfjährigen Amtszeit als Bischof von Passau mit einer halbe Million Gläubigen und fast 10.000 Mitarbeiterinnen und Mitarbeitern habe es vier Verdachtsfälle gegeben, alle seien durch die Staatsanwaltschaft mangels Tatverdachts eingestellt worden. Zitat Oster: „Die Maßnahmen greifen".

---

[344] Stand 18.4.2020

[345] Stand 18.4.2020

[346] „einfach nur katholisch sein" v. 1.4.2019, stefan-oster.de

Bischof Oster habe ich mehrmals erlebt, u.a. in der Sankt-Anna-Basilika Altötting. Er betet inbrünstig, spendet die Sakramente, missioniert. Der Mann ist ein wahrer Hirte, nach außen besonnen, innerlich brennend vor Glaubenseifer. Sein Wesen ist das eines Abtes, aber er hat das Zeug zum Kardinal, vielleicht mehr.

Bei dieser gewillkürten Zusammensetzung steht das Ergebnis des deutschen Synodalen Weges bereits fest. Ob sich das Feuer weiter entfachen kann, hängt von den anderen Bischofskonferenzen der Weltkirche ab und von der weltweiten Synode, nicht aber von der vergangenen Amazonien-Synode. Sie zeigt indes die Vorgehensweise der Reformer.

Die Amazonien-Synode
und die Deutschen

Anliegen des Papstes

Franziskus` Enzyklika *Laudato si*`[347] befasste sich mit der
Sorge um das gemeinsame Haus, vor allem die Erhaltung der
natürlichen Ressourcen der Menschheit, insbesondere des Regenwaldes in Südamerika. War *Laudato si*` der Aufruf, so soll-
te die spätere Amazonien-Synode[348] das Programm werden
für eine bessere Welt, mit gleicher Verteilung von Ressourcen,
Dekarbonisierung der Weltwirtschaft und Ausstieg aus dem
Konsumismus.

Mission im Urwald

Was als Synode über die Bedeutung des Regenwaldes und der
Indigenen in Südamerika gemeint war, wurde von deutschsprachigen Bischöfen und Theologen als willkommener Auf-
hänger für ihre eigenen Reformanliegen benutzt. Aber Re-
gen-Bogen ist nicht Regen-Wald.

Warten auf die Eucharistie

Eigentlich nur ein Thema unter vielen war die sakramenta-
le Versorgung der abgelegenen Gemeinden von indigenen
Amazonas-Völkern. Anlass für die Amazonas-Synode im
Vatikan im Oktober 2019 war ein Brandbrief des deutsch-
stämmigen Amazonas-Bischofs Erwin Kräutler an die Kurie.
In manchen Regionen Brasiliens könnten zwei Drittel der

---

[347] Vom 24.5.2015
[348] Oktober 2019

Katholiken nicht öfter als dreimal im Jahr die Kommunion empfangen, so Kräutler. Grund: Zu wenige Priester für zu große Entfernungen. Deshalb müssten auch *Viri probati* – ältere verheiratete Familienväter – Priester werden können. Klingt verständlich.

Viri probati

Den unnachgiebigen deutschen Anhängern einer Zölibatsaufhebung gelang es im Laufe des Oktober und danach, ausschließlich für eines am lautesten zu rufen: *Viri probati* wurde das Wort der Synode, und sie ließen *Laudato si* nicht mehr nach einer Umweltenzyklika aussehen. Zurück in Deutschland vergaß man den Regenwald endgültig und aus den Rufen für die *Viri probati* wurde ganz allgemein die Forderung nach Aufhebung des Zölibats in der Weltkirche.

Ganz nebenbei: die Rolle der Frau

Ganz unabhängig von *Laudato si`* hatte der Papst 2016 eine Kommission zur Untersuchung frühchristlicher Aufgaben und Ämter weiblicher Diakone eingesetzt. Im Juni 2018 legte die Kommission ihren Abschlussbericht vor. Das Ergebnis war dünn, Diakoninnen habe es vor allem in der Ostkirche gegeben, im 7. Jahrhundert verliere sich ihre Spur. Die Kommission hatte nicht die Aufgabe zu prüfen, ob sich die Weihe von Diakoninnen historisch rechtfertigen lasse. Die Deutschen brachten es jedoch fertig, die Amazonien-Synode als päpstlichen Reformwillen in punkto Frauenordination und Priesterehe darzustellen.

Schon vor Beginn der Sondersynode Amazonien wurden in einem Arbeitspapier Empfehlungen bzgl. Frauenordination und Weihe von *Viri probati* ausgesprochen, ohne dass der Papst hierzu Anlass gegeben hätte.

Viri Probati sind „erprobte Männer", theologisch ausgebildet und verheiratet und dürfen auch Kinder haben. Erprobt bedeutet, sie haben sich in ihrer Ehe und Lebensführung als Vorbilder für die Gemeinde bewährt. Beim eifrigen Versuch, die persönliche Integrität der Weihekandidaten festzulegen, übersah man offenbar, die Wirkung vom Zölibatsverzicht auf die Gläubigen im Regenwald zu untersuchen. Was hätten die Katholiken denn denken sollen, wenn man eine Lösung präsentiert, obwohl es gar kein Problem gibt?

„Welches Priesterbild werden isolierte und wenig evangelisierte Völker bekommen? Will man sie daran hindern, die Fülle des christlichen Priestertums zu entdecken?"[349] Kardinal Robert Sarah fragt das, er stammt aus Guinea in Schwarzafrika. S.E. berichtet aus seiner Zeit als junger Priester, als er 1976 dort in entlegene Dörfer kam, wo die Menschen wegen der Ausweisung der katholischen Missionare schon seit fast zehn Jahren keine Messe mehr gefeiert hatten. Sie hielten den Glauben durch tägliches Gebet und ohne Sakramente aufrecht, auch bei ihren Kindern. Bei diesen Menschen habe er eine unvorstellbare Freude erlebt, als er dann nach so langer Zeit die heilige Messe zelebriert habe. Sarah ist sich sicher, dass man bei diesen Menschen „den eucharistischen Hunger ausgelöscht hätte, wenn man in diesen Dörfern verheiratete Männer geweiht hätte. Man hätte das Volk von der Freude abgeschnitten, im Priester einen anderen Christus zu empfangen. Denn mit dem Instinkt des Glaubens wissen die Armen, dass ein Priester, der auf die Ehe verzichtet, ihnen seine ganze eheliche Liebe schenkt".[350]

Fast scheint es, als habe die DBK aus Südamerika die deutsche Form der Befreiungstheologie entwickelt. Die Indigenen

---

[349] „Aus der Tiefe des Herzens", Sarah, 66
[350] aaO, S. 67

hätten einen Anspruch auf tägliche Eucharistie, behaupten die Synodalen. Aber wer stellt diesen Anspruch? Die Indigenen? Oder die deutschen Bischöfe und die Amazonas-Bischöfe deutscher Herkunft? Von den 185 Amazonas-Synodenteilnehmern hatten 23 deutsche Familiennamen.[351]

Warum haben die Indigenen nicht vielmehr einen Anspruch auf zölibatäre Priester? Und hat der Zölibat nicht gerade bei täglicher Eucharistie seine Berechtigung? Die Reinheit des Priesters bei kultischen Handlungen war ja gerade der Anlass des Übergangs von der alttestamentlichen zeitweisen zur neutestamentlichen dauerhaften Enthaltsamkeit. Die Gewichtung konnte von der Amazonien-Synode indes nicht vorgenommen werden, weil sie diese Frage des täglichen Brots gar nicht stellte.

Wie konnte aus der römischen Enzyklika für südamerikanische Ökologie ein Frankfurter Wahlkampfpapier für Reformen werden? Die episkopale Verbindung Südamerika-Deutschland ist nicht zufällig. Etwa 12 Mio. Brasilianer haben deutsche Vorfahren. In mehreren Bundesstaaten liegt der Anteil deutscher Herkunft bei 40 %, so dass sich das Wort Deutschbrasilianer gebildet hat.[352] Viele brasilianische Bischöfe sind Deutsche oder deutscher Herkunft.[353] Die ethnische Herkunft spielt offensichtlich eine Rolle bei der Reformfreude.

Teils argumentierten sie, die Amazonasvölker würden den Zölibat nicht verstehen. Eher verstehen diese Bischöfe entweder selbst den Zölibat oder die Amazonasvölker nicht mehr. Solche Bischöfe müssen schlechte Lehrer sein oder Neokolonialisten. Denn es gehört eine gehörige Portion Arroganz

---

[351] Bollettino des Heiligen Stuhls N. 0723 v. 21.9.2019

[352] Joao Klug, „Wir Deutschbrasilianer…", Topicos 2004

[353] Bahlmann im Bistum Obidos, Brasilien, Stratmann in Choisica, Peru und Steckling in Ciudad del Este, Paraguay

dazu, anderen Völkern religiösen Intellekt oder Instinkt abzusprechen. Oder trauen solche Bischöfe ihrem eigenen Glauben die Kraft der Mission nicht mehr zu?

Dann gibt es noch das Argument Notstand, damit meinen sie den Mangel an Missionaren. Tatsache ist, dass die Indigenen durchaus von Christen missioniert werden: Die evangelikalen Freikirchen und die Pfingstbewegung ist nach Auffassung der katholischen Kirche dort sehr aktiv und vor allem: Ihre Missionare bleiben nicht nur zu Besuch.[354] Wenn aber eine christliche Mission dort stattfindet und der von der DBK erklärte Wille zur Ökumene ernst gemeint ist – ist es dann nicht egal, welche Konfession die Indigenen missioniert? Warum die evangelikalen Freikirchen als Konkurrenz betrachten, die keinen Zölibat haben und bereits „an den Grenzen der Erde" sind, mithin das Ideal der Synodalen schon erfüllen?

Die an der Amazonas-Synode beteiligten Bischöfe empfahlen im Schlussdokument im November 2019 mit 128 zu 41 Stimmen, künftig verheiratete Männer zu Priestern zu weihen. Das gelte nicht für bereits geweihte Priester. Der Beschluss war unverbindlich und der Papst nahm hierzu in seinem päpstlichen Lehrschreiben Querida Amazonia Mitte Februar 2020 keine Stellung. Hatten die Bischöfe am Thema vorbei gearbeitet?

Auch der Leiter der vatikanischen Bischofskongregation, Kardinal Marc Ouellet, hat Zweifel daran, dass die entlegenen Völker wirklich die Sorgen haben, die ihnen einige Theologen zuordnen: „… Es gibt einen Pessimismus über die Fähigkeit dieser Kulturen, das Zölibat zu leben. Es ist ein kolonisierendes Vorurteil, das ich nicht teile. Ich habe meine Zweifel an der Angemessenheit dieser Hypothese sowohl für den Ama-

---

[354] katholisch.de/artikel/23391-koch-freikirchen-sind-praesent-unsere-seelsorger-kommen-nur-zu-besuch

zonas als auch für andere Kulturen, in denen es einen Priestermangel gibt".[355]

Gerade den Menschen weitab der Zivilisation würde mit den *Viri probati* die Erfahrung der allesumfassenden Gnade der Sakramente verloren gehen. Auch haben es verheiratete Männer nicht verdient, als Viri probati zu Priestern zweiter Klasse zu werden. Kirche ist weder Kompromiss noch Experiment.

> *„Eine geringere Zahl von Priestern, die dafür*
> *dieses leuchtende Lebenszeugnis geben,*
> *wird deshalb mit größerer apostolischer Fruchtbarkeit*
> *wirken (als eine größere Zahl anderer)"*
>
> **ultimis temporibus, 20**

Nun wollen die deutschen Kirchenführer den Zölibatsverzicht aber auch für ihre Sprengel, weshalb der Münsteraner Kirchenrechtler Thomas Schüller von einem Domino-Effekt spricht. Er sieht auch die Möglichkeit, dass ein südamerikanischer *Virum probatum* nach seiner Weihe plötzlich in eine andere Diözese der Welt wechselt ... ein Revolvermechanismus in alle Nicht-Amazonien dieser Welt wäre die Folge. Kardinal Christoph Schönborn (Wien) ist „empört über diese Art von Missbrauch der Amazoniensynode".

Wenn eine Synode wie die die Amazonas-Katholiken betreffend eine Empfehlung – hier: die Weihe von *Viri probati* – ausspricht und der Papst daraufhin in Querida Amazonia nichts zu dem Thema sagt, kann das vieles heißen, aber sicher kein JA. Ein halbes Jahr nach der Synode interpretiert der brasilianische Bischof Meinrad Merkel das Papstschreiben indes als

---

[355] „Kurienkardinal: ‚viri probati' keine Lösung für Priestermangel", vaticannews.va v. 6.12.2019

„Ermunterung", *Viri probati* zu weihen. Für eine eindeutige Entscheidung fehle „noch der wagemutige Schritt".[356] Da ist sie wieder, die Assoziation vom Mut: Wer nicht Reformer ist, dem fehlt der Mut. Umkehrschluss: Reformer sind mutig.

Tatsächlich schien die Diskussion über Zölibat und Frauenordination zunächst jedoch nicht beendet. Trotz des päpstlichen Schweigens in Querida Amazonia blieben die Themen auf dem Tisch des Pontifex: Im April 2020 setzte er eine zehnköpfige Studienkommission zum Thema Frauenordination ein und für Lateinamerika wurde im Juni 2020 die ständige Amazonas-Konferenz eingerichtet, die nicht nur die ökologischen Probleme des Regenwaldes lösen helfen, sondern auch ein Forum für kirchliche Fragestellungen sein soll. Mit der Konferenz ist der Papst der Empfehlung aus dem Schlussdokument der Amazonien-Synode vom Herbst 2019 gefolgt[357]: „… neue Wege für den Evangelisierungsauftrag zu entdecken …".

Tipp: Man nehme die überzähligen Priester aus Deutschland und versetze sie an den Amazonas, dann muss man den Indigenen keine Sakramente durch Verheiratete aufdrängen.

Jedenfalls begab man sich vor dem Synodalen Weg aus dem Fahrwasser des Amazonas unerschrocken in rheinische Gewässer.

---

[356] „Deutscher Amazonas-Bischof: Debatte über viri probati nicht beendet", katholisch.de v. 8.5.2020

[357] Dort Punkt 115)

Vor dem Synodalen Weg

Es gibt Wunder, die nicht auf das Konto der katholischen Kirche gehen. Dazu gehört, dass es missbrauchte Menschen geschafft haben, weiterzuleben.

Auch wenn der Missbrauchsskandal seine Ursache gerade nicht in Zölibat, Ausschluss der Frau vom Priesteramt usw. hat, so hat er doch zu einer enormen Schwächung der Kirche geführt. Diesen Augenblick nutzen die Feinde der Kirche zum Angriff und ihr Werkzeug ist das der westlichen Gesellschaft: Permanente Identifizierung mit dem Opfer legitimiert die eigene Gesinnung.

Irrtum: Eine Variante der Wahrheit

Die Entscheidung zum Synodalen Weg fiel auf der Frühjahrsvollversammlung der DBK 2019 unter ihrem damaligen Vorsitzenden, aber die Causa Marx kam nicht ohne Vorwarnung. Zwar kündigte sich kurzfristig Unheil an durch das unnatürliche Interesse der germanischen Oberhirten an der Amazonassynode. Die Ursache war allerdings schon mit dem II. Vatikanum gesetzt. Kardinal Suenens, damals Erzbischof von Mechelen-Brüssel und einer von vier Konzilsmoderatoren forderte nach dem Vatikanum eine Kirchenführung durch das Bischofskollegium und schließlich auch ein bischöfliches Konklave.[358] Das päpstliche Pillenverbot bezeichnete Suenens als „zweiten Fall Galilei". „Nicht mehr die Wahrheit war nun Rechtsträger, sondern die Person in ihrem Gewissen".[359] Irr-

---

[358] Anstelle eines Kardinalskonklave
[359] „Die Jahre danach: Warum nach dem Konzil viele ihren Glauben verloren haben", Josef Jung, cathwalk.de, 17.2.2020

tum sollte nicht länger Gegenspieler der Wahrheit sein, sondern ihre Variante. Als Irrtumslehre sind die synodalen Ideen folglich nicht neu. Durch die enge Verbindung mit der säkularisierten Gesellschaft erleben sie jetzt eine Sternstunde. In diesem Sog der Irrtümer tummelten sich die Theologen der siebziger und achtziger Jahre, vor allem aus Deutschland und der Schweiz. Erst Johannes Paul der Große griff durch und stellte wieder einen akzeptablen Zustand her. Einige Theologen verloren ihre Lehrberechtigung. Das konnte Hans Küng nicht davon abhalten, 2015 für die Sterbehilfe einzutreten. In seinem Buch „Glücklich sterben"[360] plädiert er für die Freiheit, seinem Leben ein Ende setzen zu dürfen.

Laiendominanz und Machtanmaßung

Tatsächlich hatte Papst Franziskus mit seinem offenen Brief an das Volk Gottes in Deutschland Leitlinien eines Synodalen Wegs vorgezeichnet. Anlass war der deutsche Beschluss in Lingen 2019 und seine Sorge, dass gewisse Reformer in sozialen Aktionismus ausbrächen anstatt zu evangelisieren.

Und Kurienkardinal Marc Ouellet hatte Marx per Schreiben v. 4.9.2019 darauf hingewiesen, dass der Synodale Weg im Einklang mit der Weltkirche geführt werden müsse und er den endgültigen Entwurf eines Leitfadens des Synodalen Wegs von der DBK erwarte.[361] Beigefügt hatte Ouellet ein Schreiben des Päpstlichen Rates für die Gesetzestexte v. 1.8.2019 an ihn, nachdem er dort um Einschätzung des provisorischen Statuts des Synodalen Wegs nach kanonischem Recht ersucht hatte.[362]

---

[360] Hans Küng, Piper Verlag, 2015

[361] Schreiben der Kongregation für die Bischöfe, Kardinal Marc Ouellet, v. 4.9.2019 an Kardinal Marx, Prot. N. 485/2019

[362] Schreiben des Päpstlichen Rates für die Gesetztestexte v. 1.8.2019 an

Der Päpstliche Rat stellte fest, dass die Synodalthemen die Weltkirche beträfen und nicht Gegenstand von Beschlüssen einer Teilkirche sein könnten. Das ZdK habe dem Synodalen Weg aber nur zugestimmt unter der Bedingung, dass die Verbindlichkeit der Beschlüsse gewährleistet sei. Deshalb formulierte der Päpstliche Rat ausdrücklich die Frage: „Wie kann eine Teilkirche verbindliche Beschlüsse fassen, wenn die behandelten Themen die Weltkirche betreffen?". Nach dem Inhalt des Statuts beabsichtige die DBK, ohne es ausdrücklich so zu benennen, die Durchführung eines Partikularkonzils nach kanonischem Recht.[363] Hierzu ist die Genehmigung des Heiligen Stuhls notwendig.[364] Gerügt wurde daneben die beabsichtigte Mehrheitsfindung: DBK und ZdK entsendeten die gleiche Anzahl an Teilnehmern[365], jeder habe eine Stimme. Das sei, weil die Kirche keine Demokratie sei, ein weiterer Verstoß gegen kanonisches Recht.[366] „Die Verantwortung der Bischöfe unterscheidet sich von der Verantwortung der Priester und Laien" und „der synodale Vorgang muss sich im Leib einer hierarchisch strukturierten Gemeinschaft vollziehen". Da sich das deutsche Vorhaben genau gegen dieses kirchenrechtliche Konzept richtet, stellt der Rat fest: „… wie kann sich eine Bischofskonferenz von einer Versammlung dominieren lassen, von der die meisten Mitglieder keine Bischöfe sind?".[367]

Das heißt, die DBK hätte insbesondere das Genehmigungsverfahren nach kanonischem Recht durchlaufen müssen. Was sie stattdessen tat, wohlwissend, dass die Genehmigung

---

Kardinal Ouellet, Prot. N. 16701/2019

[363] Can. 439-446 CIC

[364] Can. 439 § 1 CIC

[365] Je 69

[366] Can. 204 § 1, 208 CIC

[367] Schreiben des Päpstlichen Rates für die Gesetztestexte v. 1.8.2019 an Kardinal Ouellet, Prot. N. 16701/2019

versagt werden würde, ist allein schon ein Skandal: „Um um-
ständliche Genehmigungen in Rom zu vermeiden, hätten sich
die Bischöfe entschieden, das Ganze im kirchenrechtlich offenen Format des ‚synodalen Wegs‘ zu beginnen", wird Reinhard Marx wiedergegeben.[368] Bei gleichbleibendem Verfahren
änderte man in Deutschland folglich nur den Namen von
„Synode" in „Synodaler Weg" und schritt ohne Rücksicht auf
kanonisches Recht voran.

Suggestion der Beteiligung

Vor Beginn der Synode hat die DBK die Seite synodalerweg.
de eingerichtet. Nutzer konnten dort vorformulierte Fragen
beantworten. Die Niederlegung einer eigenen Meinung war
nicht möglich. Die Fragen waren größtenteils suggestiv.

Beispiele[369]:

Formularbeginn

*Welche konkreten Erfahrungen von Macht und Ohnmacht haben
Sie in der Kirche gemacht und **was muss** Ihrer Meinung nach **in
der Kirche verändert werden**, damit der Umgang mit Macht besser kontrolliert und Machtmissbrauch verhindert werden kann?*

*Wie können **mehr Menschen aktiv** an den Aufgaben und Entscheidungen in der Kirche **beteiligt werden?***

*Was ist Ihnen wichtig **in der Sexuallehre** der Kirche und was
müsste dringend verändert werden?*

*… Der weitgehende **Priestermangel** und die veränderten Rah-*

---

[368] „Kein synodaler Weg ohne Verbindlichkeit", domradio.de v. 25.5.2019.
Synodale Wandlung Nummer sechs
[369] Fett und kursiv durch Buchautor

menbedingungen unserer Zeit machen die Frage nach einem erneuerten, zukunftsfähigen Profil des geistlichen Amtes im Zusammenspiel mit den vielfältigen pastoralen Diensten und Ämtern und den unterschiedlichen Charismen der Gläubigen dringlich.

Wie kann ein authentischer Priester mitten in der Welt von heute in der Nachfolge Jesu leben, **welche Lebensform halten Sie für den Priester heute für angemessen?**

Frauen tragen und gestalten einen überaus großen Teil des Lebens in unserer Kirche. ... Dennoch sind sie in Leitungspositionen ... unterrepräsentiert. Nicht wenige leiden darunter, dass den Frauen nicht alle Dienste und Ämter in der Kirche, insbesondere das Weiheamt, offen stehen.

Was müsste sich ändern, damit mehr Frauen Leitungspositionen in der Kirche übernehmen (können)?

Formularende

In sämtlichen Fragen klingt die erwünschte Antwort durch den jeweiligen Text vor der Frage bereits mit. Die Methode kennen wir bereits von der MHG-Studie. Nutzern blieb keine Möglichkeit, den Synodalen Weg oder die jeweils beabsichtigte Reform als solche abzulehnen.

Wie wollen Bauernfänger Glaubwürdigkeit zurückgewinnen, wenn das viel beschworene „Ringen um den richtigen Weg" ein Fake ist?

Nachdem einmal die Couleur der Forum-Mitglieder gesichert war, ging man an den Organisationsablauf. Er sollte gewährleisten, dass sich im Laufe des ursprünglich auf zwei Jahre angelegten Weges keine gegenreformatorischen Themen einschlichen. Zu diesem Zweck errichtete man sogenannte Foren, vier an der Zahl in Analogie zu den vier Themen Zölibat usw. Dieser Numerus Clausus an vorbereitenden Arbeitsgruppen verhinderte schon ex ante, dass über andere Themen Beschlüsse herbeigeführt werden könnten, wie zum Beispiel Neuevangelisierung.

Damit nicht genug. Die Angst vor Widerstand gegen den Zeitgeist war von Anfang an so groß, dass selbst die Mitglieder der Foren noch vor Beginn der ersten Synodalversammlung auf je 30 begrenzt und vom Präsidium des Synodalen Weges vorbesetzt wurden, also bevor es überhaupt zur ersten Abstimmung kam. Eine waschechte Demokratur. Auf Rüge an Tag zwei der ersten Synodalversammlung erklärte Pater Hans Langendörfer SJ uns allen dann die Personen-Auswahl, damit wir uns keine eigenen Gedanken machen mussten. Synodale sind echt nett.

Aber sie können auch witzig sein.

Kein Scherz: Die Marx-Bibel

Pünktlich vor Synodenauftakt Ende Januar 2020 gab der Verlag Katholisches Bibelwerk e.V. eine Bibel-Ausgabe mit dem Logo des Synodalen Wegs aus[370] und – das ist jetzt kein Scherz – mit folgender Bewerbung:

---

[370] Erscheinungstag 16.1.2020

„… Diese Einheitsübersetzung besitzt *einzigartige Begleitworte des Vorsitzenden der Deutschen Bischofskonferenz Kardinal Reinhard Marx und des Präsidenten des Zentralkomitees der deutschen Katholiken Professor Dr. Thomas Sternberg. **Ihre Worte weisen den Weg, nehmen das Ziel aber nicht vorweg. Für alle Gläubigen, die sich mit auf den Weg machen, ist zusätzlich noch ein Gebet für die richtige Richtung des Synodalen Wegs abgedruckt*".[371]

Mir blieb die Spucke weg. Geschäft und Erlösung gehen Hand in Hand, wie bei Fuggers. Anders als bei den gläubigen Großkaufleuten scheint das Weltliche eine größere Anziehungskraft auf das Reformkonzept zu haben als das spirituelle. Es kann deshalb nicht länger überraschen, dass der Sensenmann in der Tarnung des Kompromisses bis ins ZdK-Präsidium eingezogen ist. Uns allen ist bewusst, dass jeder, der geboren wird, sterben muss. Wie aber ist es, wenn wir verhindern, dass einige überhaupt lebend geboren werden?

---

[371] Fett und kursiv durch Autor

Das westliche Gesellschaftskonzept

Die Kreuze sind abgehängt

Der gefährlichste Ort in einer westlichen Demokratie ist der Mutterleib. Dort kämpft das Ungeborene[372] einen aussichtslosen Kampf gegen den Feminismus, der behauptet, der Bauch, in dem es heranwachsen soll, gehöre allein seiner Mutter. Für Leber und Nieren mag das zutreffen, aber gilt das auch für das menschliche Leben, das dort heranwächst? Tatsächlich ist es nicht mal Gast, denn Gäste tötet man in der Regel nicht. Aussichtslos ist sein Kampf, weil keine der aufgeklärten Gewalten – die Errungenschaften der Französischen Revolution – hinter dem Ungeborenen steht, wenn sich der Arzt im Verstoß gegen seinen Hippokratischen Eid dem wehrlosen Menschlein mit gebogenem Messer nähert. Was Jahrtausende als maternale Störung identifiziert wurde, ist 2021 zur normalen Gesundheitsfürsorge mutiert. Aber normal ist nicht immer gut, wie dieser kollektive Irrtum zeigt. Selbst der Gesetzgeber musste Kapriolen schlagen, um den Bürgern vorzugaukeln, dass die Vernichtung des Ungeborenen nur als Kavaliersdelikt einzuordnen sei. Die Paragraphen 218 u. 218 a Strafgesetzbuch (StGB) sind ein gottloses Todesduo für das ungeplante Ungeborene. Während § 212 Abs. II StGB die lebenslange Freiheitsstrafe für die Tötung eines anderen Menschen vorsieht, legt § 218 StGB den Strafrahmen für die Ungeborenentötung auf ein Maximum von läppischen 3 Jahren fest, in besonders schweren Fällen bis zu 5 Jahren. Im Vergleich: Selbst ein einfacher Diebstahl ist im Höchstmaß mit 5 Jahren bewehrt. Wenn ich der Schwangeren die Hals-

---

[372] Von seinen Feinden kurz „Zygote" genannt, um es als unselbständigen Teil der Mutter zu klassifizieren, den sie aufgrund ihres Freiheitsrechts entfernen könne

kette stibitze, werde ich also in der Regel schwerer bestraft als die Bestohlene, die ihr Kind umbringt. Und § 218 a StGB stellt den Täter völlig straffrei, wenn der Arzt gegen Vorlage eines Beratungsscheins das Kind bis zur zwölften Schwangerschaftswoche tötet.

Tatsächlich ist § 218 a StGB ein Fremdkörper im Strafrecht. Denn während eine Strafnorm grundsätzlich das Opfer schützt, schützt § 218 a StGB den Täter. Der Gesetzgeber spricht schleierhaft von einer komplexen systematischen Einordnung, um genau diese Tatsache zu vernebeln. Totschlag wird als Kompromiss zwischen Feminismus und Lebensrecht getarnt, obwohl dieser angebliche Kompromiss zur Vernichtung führt.

Welche Missachtung des gottgegebenen Privilegs, dieser Welt Kinder zu schenken, ist doch die Tötung von Kindern, die ungeboren und ungetauft bleiben. Von Freiheit lässt sich ja überhaupt nur sprechen, wenn man die Situation allein aus der Perspektive der Frau betrachtet. Warum sie ihr Selbstbestimmungsrecht nicht vor, sondern erst nach dem Geschlechtsverkehr ausübt und damit ihre Freuden über das Lebensrecht des Kindes stellt, rechtfertigt die Emanzipationsbewegung nicht. Das Kind wird das Stadium, in dem es Freiheit haben könnte, nicht erleben.

Entgegen der anthroposophischen Nomenklatura der „Schwangerschaftsunterbrechung" – als ob es nach der Halbzeitpause gleich weiter geht – ist die Kerze des kleinen Menschen endgültig erloschen.

Stoßen wir die Tore weit auf für die Unterscheidung der Geister: Für das Ungeborene gibt es kein Entkommen. Seine zertrennten Körperteile werden außerhalb der Gebärmutter wie ein Puzzle wieder zusammengesetzt, um das Gelingen der Abtreibung zu überprüfen. War der Kopf zu groß für den zu kleinen Geburtskanal, wird er noch im Mutterleib wie eine

Nuss zerquetscht, dann passt auch er endlich durch. Doch es gibt Alternativen, und zwar noch hinterhältigere: Der Arzt zieht das Kind an einem Fuß voran – also falsch herum – aus dem Mutterleib, sobald der Kopf sichtbar wird, schlitzt er das Genick auf und saugt mit einem Schlauch das Hirn heraus. Option vier: Die Schwangere schluckt eine Tablette, deren Gift beim Ungeborenen zum Herzstillstand führt.

Umso kurioser ist die nachsichtige Einordnung ins strafrechtliche Sanktionensystem, als bei der Ungeborenentötung sogar Mordmerkmale erfüllt scheinen: Heimtücke[373] und Grausamkeit.

Jedes dieser Kinder trägt den Namen Jesu. Spätestens im Augenblick dieser Erkenntnis entscheiden Sie sich für eine Gnosis. Denn es wird einer kommen, der seine Abtreibung überlebt und die Heerscharen anführt, die das Tier töten.

Als ich geformt wurde im Dunkeln,
kunstvoll gewirkt
in den Tiefen der Erde, waren meine Glieder
dir nicht verborgen
Ps 139, 15

Warum dient sich die synodale Gesellschaft einem Modell an, das den Menschen als Zellhaufen betrachtet? Zwar stellen sich unsere Reformbischöfe verbal gegen Abtreibung. Aber es nützt nichts, denn für jeden Bischof, der Abtreibung ablehnt, gibt es Tausende Männer und Frauen, die ihre Kinder abtreiben, gute Demokraten, die man nie als gewalttätige Schläger abtun würde, weil sie harmlos wie Nachtigallen nach Freiheit

---

[373] Spitzfindige Strafrechtler kommen durch Wortvergewaltigung allerdings zu einem anderen Ergebnis: Ein Ungeborenes könne noch gar nicht arglos sein, eine notwendige Voraussetzung für die Täter-Heimtücke …

177

und Demokratie trällern.[374] Und hat sich der Reformer einmal den einen Unwerten der Gesellschaft verschrieben, verlangt sie nach mehr.

Mensch oder Zellhaufen

Sich selbst nennt diese Gesellschaft fortschrittlich. Wohin sie fortschreitet, ist die Frage. Jedenfalls ist sie zweifach gespalten. Eine Spaltung ist äußerlich erkennbar, sie ist der Graben zwischen den Anhängern und den Gegnern des Kindermordes. Einer gewissen Enttarnung bedarf die zweite, die innere Spaltung. Sie spielt sich in der Persönlichkeit der Mutterfreiheitsschützer ab. In der Tötung des pränatalen Menschen sehen sie das gerechtfertigte Ergebnis der Abwägung zwischen dem Leben des Kindes und der Freiheit der Frau. Aber sie retten das postnatale Küken vor dem gleichen Messer und begründen ihre Haltung mit Tierliebe. Das Süße liegt für diese Menschen bei den Küken in der Erscheinung, bei den Kinderleichen im Geruch. Ich meine den Geruch, bevor die getöteten Kinder neben den entzündeten Blinddärmen im Schlot der Klinik landen. Solche Gesellschaften bringen sich selber um. Extrem widernatürlich ist die Tat, weil sie sich gegen das eigene Kind richtet. Daraus entsteht jedes Mal die Frage, warum man es erst entstehen und dann „wegmachen" lässt. Man könnte es doch von vornherein bleiben lassen oder, da der Kindstotschläger eh nicht katholisch handelt, verhüten. Stattdessen beendet man die freiheitsmütterliche Geiselhaft des Embryos durch dessen Vernichtung.

---

[374] Freiheit und Demokratie sind ein kurioses Duo, wenn man bedenkt, dass das Ungeborene seine demokratische Wahlzettelfreiheit niemals erleben wird

Anders als das Ungeborene lässt sich der zeitgemäße Synodale freiwillig kidnappen. Deshalb wird das gleichzeitige Moral-Boarding am synodalen Ambo wie am parlamentarischen Rednerpult für mich jedenfalls unerträglich.

Ich spreche hier über den Alltag. Der Alltag, der in unserer Presse nicht auftaucht, vielleicht aus Angst, sich beim Schreiben mit dem Sterben[375] anzustecken. Es scheint wie ein ungeschriebenes Gesetz zeitgeistigen Journalismus, den Moment bloß unerwähnt zu lassen, in dem die ekstatische Liebe Gottes durch die ausgebreiteten Arme des Neugeborenen nach unserem Erkennen ruft. Ich schlage deshalb vor, das öffentliche Fernsehen blendet bei jedem Wetterbericht ein: „Heute wurden in Deutschland 274 Kinder abgetrieben, damit liegt die Zahl der Tötungsdelikte im laufenden Jahr bei 101.731, das ist ein neuer Rekord und vergrößert die Freiheit der Frau im Westen". Diese Zahl enthält jeweils für das Jahr 2019 die Zahl der offiziell gemeldeten Abtreibungen zzgl. der Zahl der sonstigen Tötungsdelikte, also vom Rechtsstaat unfrisiert. Ich spreche neben Deutschland über die meisten Regionen der Nordhalbkugel, emotionale Entwicklungsländer, die die angebliche Rückständigkeit der anderen belächeln und denen sie ihre freiheitliche Demokratie andrehen wollen. Wo ist Gott in diesem Modell der Selbstgefälligen? Gehören die Ungeborenen etwa ihrer Mutter, der Gesellschaft, der Politik?

In Wahrheit gehören sie niemandem außer Gott. Aber Meinung dominiert und schräg muss sie sein, von einer Minderheit entworfen, dann glänzt man damit, sie auf den Thron zu heben und nennt es Emanzipation, idealistisch gegen die Realität bis es weh tut. In ihrer Hochachtung vor sich selbst werden solche Idealisten wegen Tierliebe zu Veganern, aber töten

---

[375] Vor der Kindermordinfizierung ist die Angst weniger groß, sie ist ja schließlich erlaubt

ihre eigenen Nachkommen. In der Psychologie spräche man von Persönlichkeitsspaltung. Auch Gesellschaft kann sich offenbar in einem pathologischen Zustand befinden.

Fleischlose Kannibalen prägen den Westen, viele von ihnen zwingen Ärzte zu Abtreibungen und schützen inbrünstig das Klima, als träfen sich Himmel und Erde in Körnern und Karotten, aber nicht in dem Wunder eines neuen Menschenlebens. Selbst angeblich christliche Parteien sprechen in puncto § 218 a StGB von einer „klugen Regelung" in Beantwortung einer Anfrage des Autors vom April 2020[376], ob sie sich nicht konsequent gegen Abtreibung wenden wollen. Einem Schwangerschaftsabbruch gehe immer eine schwierige Entscheidungssituation voraus, heißt es verständnisvoll. Die bekannte Figur der „Grenzsituation" wird bemüht.

Als ob ich mich nicht in einer solchen „Grenzsituation" befinde, wenn ich den Mörder eines Kindes umbringe, aber bestraft werde ich im Gegensatz zum Kindstotschläger sehr wohl, obwohl der sich wehren kann, das Ungeborene nicht. Noch absurder wird`s, wenn ich zuvor die beabsichtigte Kindstötung mit Gewalt verhindern will. Einem schon geborenen Menschen darf ich in seiner Bedrohung beispringen, meine Handlung ist rechtlich gerechtfertigt. Dem Totschlag an einem ungeborenen Menschen muss ich jedoch tatenlos zusehen.[377]

Und hier sind die deutschen Totschlags-Erlaubnis-Voraussetzungen: mütterliches Abtreibungsverlangen, Empfängnis

---

[376] Zwei Jahre später wird Ulrich Hemel, Mitglied des ZdK-Präsidiums, von einem „guten Kompromiss" sprechen, „BKU-Vorstand in der Kritik", die-Tagespost.de v. 29.7.2022

[377] Hier verhindert die Barriere zum OP als abgeschiedener Tatort das Eingreifen zum Schutz des Ungeborenen, wird die rechtssystematisch an sich zulässige Nothilfe zur bloßen Theorie, denn die schweren Sicherheitstüren zum OP schützen die Mörder, selbst wenn ich zum schweren Hausfriedensbruch bereit bin

innerhalb 12 Wochen, Vorlage Beratungsschein, Kindstötung durch Arzt. Ganz legitime Folge: ein toter und meist auch verstümmelter Mensch. Nicht mal begraben wird das kleine Ding. So sehr hat die demokratische Legislative die Volksmoral konditioniert, dass das Fünfte Gebot in Bezug auf Ungeborene überhaupt keine Beachtung mehr findet. Demokratie scheint nur noch das Denkmodell einer degenerierten Elite, die in ihrer von sich selbst behaupteten Kompromissbereitschaft das Leben des Einzelnen gegen politische Klugheit verhandelt. Mich widert diese Politik an.

Was hat nun der deutsche Reformweg mit diesem säkularisierten Gesellschaftskonzept zu tun? Nun, beide haben dieselbe Ausgangsfrage: Darf der Mensch alles, was er kann? Und da sich beide aus dem Humanismus legitimieren, dauert es nicht lange, bis ihre Pilgerirrwege sich kreuzen. Je absurder die Nachfrage des Anspruchstellers, desto willkommener das Angebot der Synodalen: Homosexuelle wollen wie Mann und Frau den kirchlichen Segen, hier habt ihr ihn. Das ist so, als läge in der Metzgertheke die Spenderniere neben der Hähnchenleber. Beide sind Organe, aber irgendwas passt hier nicht.

Liebevoll nennen hohe Kleriker diese Realität den Zeitgeist in einem Deutschland, dessen Bevölkerung mehrheitlich Kükenschreddern schlimmer findet als Abtreibung. Protestanten tun sich bei der Befragung als Kükenschützer übrigens besonders hervor.[378] Ich möchte mich schützend vor diese Leute stellen und unterstelle ihnen, dass sie sich insgeheim auf das fehlende Selbstbestimmungsrecht des Huhns berufen. Vielleicht differenzieren die Helden der Gleichgültigkeit aber auch scharfsinnig zwischen pränataler und postnataler Tötung. Das müssen

---

[378] „Ist es schlimmer, ein Kind abzutreiben als männliche Küken zu schreddern?", CNA online v. 5.2.2021

wir gleich noch genauer betrachten, um uns dem Kern des westgesellschaftlichen Suizids zu nähern.

Gleichgültigkeit

Eine säkularisierte Gesellschaft versucht, Sie, lieber Leser, davon zu überzeugen, Religion und Politik ließen sich trennen. Angesichts der Zahl der Berufspolitiker, die sich seit April 2021 als Einzelpersönlichkeiten im ZdK tummeln, ist das eh nur noch ein Lippenkenntnis. Für diese Gesellschaft ist Gott in der Kirche anwesend, im Plenarsaal und Kreissaal aber nicht. Und zu viele glauben das. Fernseh-Werbespots mit strahlenden Kleinkindern[379] wärmen Millionen Käuferherzen, während jährlich 100.000 Kindestötungen[380] dieselben Herzen kalt lassen. Natürlich macht das Fehlen von TV-Spots über die Zange am Säuglingskopf einen Teil der Ursache für diese Ignoranz aus, aber erklärt das allein die Säkularisierung? Unterdessen hat sie bereits zur Trennung von Kirche und Staat geführt, allerdings nur, soweit es die kirchliche Einflussnahme auf die Gesellschaft angeht. Denn umgekehrt scheint der Staat die Gesellschaft in ihrer Gesamtheit als sein Eigentum zu betrachten, wenn es um Fragen geht, die zwischen zeitgeistigen Strömungen einerseits und kirchlichen Auffassungen andererseits umstritten sind. Im Wesentlichen geht es um Gleichgültigkeit gegenüber dem Leben der anderen. Und es wird bereits vorgesorgt. Im deutschen Durchschnittsjournalismus ist Recherche längst durch Propaganda abgelöst, es geht gar nicht mehr um die Ermittlung der Fakten, sondern das Zelebrieren der „richti-

---

[379] PR-Gutmenschen platzieren lauter Kleinkinder ohne jede europäische Ethnie vor der Kamera – ach, sind wir tolerant – zeigen aber nicht die Wahrheit in deutschen OP-Sälen

[380] Das sind allein die registrierten Abtreibungszahlen für Deutschland

gen" Meinung. Beispiel: Kamala Harris. Im Westen wird sie bereits als nächste US-Präsidentin gefeiert, obwohl niemand danach gefragt hat. Maßgeblich für die Presse sind ihre Hard Skills: weiblich, dunkelhäutig, und ihre Soft Skills: links, abtreibungsdynamisch. „Nach Biden bitte Harris wählen" lautet die Botschaft an die Amerikaner.

Gleicht Euch nicht dieser Welt an!
Röm, 12,2

Bemerkenswert am Reformismus ist auch die Divergenz zeitgeistiger Strömungen. 1970, fünf Jahre nach dem Zweiten Vatikanischen Konzil, erlaubten deutsche Abgeordnete einem Sexualwissenschaftler, am Rednerpult des Bundestages die Meinung zu vertreten, Sexualkontakte zwischen Erwachsenen und Kindern würden gesunde Kinder nicht schädigen.[381] Grüne Politiker sprangen bereitwillig der Perversion bei und noch heute hat sie Anhänger. Vor allem aus diesem sexualpolitischen Milieu kommen jetzt die lautesten Rufe nach einer bedingungslosen Verfolgung von ungeprüft angeprangerten Missbrauchsverdächtigen in der Kirche.

Zeitgeist bringt sukzessive also auch eine Beurteilung mit zweierlei Maß hervor. Während noch vor kurzem niemand Zweifel daran hatte, dass ein Vater ein Mann und eine Mutter eine Frau ist, erntet die ungarische Regierung im Herbst 2020 einen Shitstorm mit ihrem Vorhaben, diese bis vor kurzem selbstverständlichen Tatsachen in der Verfassung zu verankern. Hier wird deutlich, dass der Geist der Zeit nicht immer die Zeit des Geistes ist, schon gar nicht des Heiligen, und die Kirchenreformer sollten endlich mal den Zeitgeist definieren, wenn sie sich substantiierter Kritik stellen wollen.

---

[381] „Irrtümer vorbehalten", demokratie-goettingen.de v. 24.4.2017

Trotz anderslautender Bekenntnisse führender deutscher Kleriker werden über das Trojanische Pferd der Demokratie die abscheulichen sozialen Parameter wie Leihmutterschaft, Abtreibung und Sterbehilfe in die Kirche eindringen. Die vorsynodalen bischöflichen Verbalproteste dagegen mutieren zu PR-Sprüchen und werden an der moralischen Zersetzung der Kirche nichts ändern können.

Grenzen fallen

Die personelle Schnittstelle zwischen der DBK und der Abtreibungslobby ist Maria Flachsbarth. Einst gleichzeitig Präsidentin des Katholischen Deutschen Frauenbundes (KDFB) und Parlamentarische Staatssekretärin beim Bundesminister für wirtschaftliche Zusammenarbeit, setzt sie sich in der Politik für die Organisation *She Decides* ein, Vorhut der Abtreibungslobby. Und laut DBK-Sprecher Matthias Kopp sei man mit Frau Flachsbarth im Gespräch.[382]

Eine noch erfahrenere Verbindungsoffizierin ist die CDU-Politikerin Barbara John. 82 jährig opponiert die Berliner Diözesanvorsitzende desselben KDFB öffentlich gegen *Gaudium et Spes*. Das ist die Pastoralkonstitution des Zweiten Vatikanum, mit dem – für jeden rechtschaffenen Menschen selbstverständlich – klargestellt wurde, dass „Abtreibung und Tötung des Kindes … verabscheuungswürdige Verbrechen" sind. John sagt: „Abtreibung ist kein Verbrechen" und dreht den Konzilsvätern die Worte im Mund herum.[383]

---

[382] „DBK: Auch künftig keine Beratungsscheine im Schwangerschaftskonflikt", Die Tagespost online v. 17.12.2020

[383] „Papst Barbara I. spricht Recht", die-Tagespost online v. 2.11.2020

Reformerisch wird ignoriert, dass sich die Kirche auch um die Seele des Kindsmörders sorgt, der ohne Reue aus dem Reich Gottes ausgeschlossen wird. Bleibt der Delinquent ohne Vorwurf, kann er nicht bereuen und kann ihm auch nicht vergeben werden.

Wenn sie nicht durch Reue und göttliche Vergebung wieder gutgemacht wird, verursacht sie den Ausschluss aus dem Reiche Christi und den ewigen Tod in der Hölle, da es in der Macht unseres Willens steht, endgültige und unwiderrufliche Entscheidungen zu treffen
Katechismus der Katholischen Kirche 1861,3

Unterdessen betreibt der Synodale Weg auch bei der Sünde eine Grenzverschiebung. Das Sakrament der Buße hat dort keine Schlagzeilen. Vielerorts wird der Beichtstuhl zum Bücherregal, eine Hommage an den Humanismus und auf Kosten der Lossprechung. Offenbar glauben die Reformer, damit die Grenzen des Sündhaften zu verschieben, als könne es für einen Katholiken Vergebung durch Aufklärung, aber ohne Bekenntnis geben.

Um Grenzen geht es auch bei der Frage der Tötung vor oder nach der Geburt. § 218 a Absatz 2 Strafgesetzbuch lässt (unter bestimmten Voraussetzungen) bisher die Kindestötung bis zum letzten Augenblick vor der Lebendgeburt zu. Bisher ist die zeitliche Grenze der zulässigen Kindstötung also die letzte pränatale Sekunde.[384]

---

[384] Jede Fristenregelung ist willkürlich und fällt ein Todesurteil über einen wehrlosen Menschen. Die Abtreibungslobby argumentiert mit einem Zeitpunkt, zu dem das Lebewesen beginne, Mensch zu sein. Diese Theorie offenbart den ganzen pathologischen Zustand des Zeitgemäßen: Der Mensch wird nicht, er ist! Dass sich die Fristen international angleichen, spricht nicht für die gegenteilige Auffassung. „Das Personsein", so hat

Es wundert nicht, dass die Idee kursiert, Kinder auch postnatal zu töten.[385] Sie haben richtig gelesen. Wie bedrohlich dieser teuflische Gedanke in unsere Gesellschaft eingedrungen ist, beweist die Verleihung des Ethikpreises der Giordano-Bruno-Stiftung 2011 an den australischen Philosophen Peter Singer. Singer hatte in seinem Buch „Muss dieses Kind am Leben bleiben – das Problem schwerstgeschädigter Neugeborener" u.a. die Idee aufgeworfen, schwerstbehinderte Säuglinge direkt nach der Geburt zu töten.[386] Bescheidenes Selbstverständnis der Giordano-Bruno-Stiftung lautet „Denkfabrik für Humanismus und Aufklärung".[387]

Vorgeburtlich und nachgeburtlich trennt nur ein Augenblick. Warum also soll es für Recht oder Unrecht, Moral oder Unmoral einen Unterschied machen, ob das Kind, das ich töten werde, bereits seinen ersten Schrei getan hat? Das Getötetwerden ist für das Kind unabhängig vom Tatzeitpunkt seine biologische Auslöschung. Einen Unterschied macht es mehr für den Täter, dem es möglicherweise schwerer fällt, einen vor ihm liegenden und nach Leben duftenden Säugling zu töten als das Ungeborene nur in bildgebender Diagnostik zu erfassen, bevor er das Messer ansetzt. Vermutlich bewirkt das Hören des ersten Schreis auch ein höheres Unrechtsbewusstsein, das scheint für westliche Moralisten unzumutbar: „Das ist ja furchtbar". Und tatsächlich unterscheidet sich nach meiner Empfindung das Unrecht der Kindstötung weder nach seinem Gesundheitszustand

---

der verstorbene Philosoph Spaemann einmal gesagt, sei „nicht eine Eigenschaft, sondern das Sein des Menschen" und beginne mit der Zeugung, „es gebe keinen kontinuierlichen Übergang von etwas zu jemand", Manfred Spieker, „Den Stimmlosen eine Stimme geben. Ad memoriam Robert Spaemann", catholicnewsagency.com v. 19.12.2018

[385] Ob die Gegner des Kükenschredderns dann zu Lebensschützern werden?

[386] Kommt die postnatale Abtreibung?, Mathias von Gersdorff, jungefreiheit. de v. 11.11.2014

[387] Diese Stichworte nutzt Sternberg nach Belieben

– die meisten der legal getöteten Ungeborenen waren kerngesund – noch nach dem Tatzeitpunkt, denn jede Fristenregelung ist willkürlich. Wenn man die Ungeborenentötung legalisiert, sich aber über die Neugeborenentötung empört, nimmt man im Grunde nur Rücksicht auf Etikette und Täter, dem man den verzweifelten Todesschrei des Säuglings nicht zumuten will. Das ist auch der wahre Grund der modernen Parlamentarier für ihre Fristenregelung. Sie ist willkürlich und überholt, Kindestötung ist Totschlag, vor und nach der Geburt. Demgegenüber muss nach der Vorstellung der Grünen-Politikerin Kirsten Kappert-Gonther der Schwangerschaftsabbruch aus dem Strafgesetzbuch verschwinden.[388] Kappert-Gonther war bis 2017 Sprecherin für Gesundheitsförderung, wobei mir nicht klar ist, wie die Tötung des Ungeborenen seine Gesundheit fördert.

Ich meine vielmehr, dass die über Peter Singers teuflische Idee Empörten endlich mal die Augen öffnen müssen hinsichtlich der Anzahl der bereits legalisierten Kindstötungen, allein in Deutschland waren es in 2019 über 100.000[389], das entspricht der Einwohnerzahl von Heiner Wilmers Bischofsstadt Hildesheim oder Zweidrittel der 144.000 Gottesknechte aus der Offenbarung des Johannes.

Unsere Mortal-Kultur ist auch das Ergebnis des modernen und absurden Freiheitskanon. Denn nicht nur gegen den Schutz der Gewissensfreiheit in der Europäischen Menschenrechtskonvention bringen die Grünen im Juli 2020 in den baden-württembergischen Landtag den Vorschlag in Stellung, Ärzte an den Universitätskliniken künftig nur gegen deren Verpflichtung einzustellen, Abtreibungen durchzuführen.[390]

---

[388] „Jobs für Ärzte nur bei Ja zu Abtreibung?", n-tv.de v. 12.7.2020

[389] Die registrierte Anzahl der Schwangerschaftsabbrüche in Deutschland in den Jahren von 1996 bis 2019, de.statista.com

[390] „Lebensrechtsorganisation ALfA: Gewissensfreiheit für Ärzte bei Ab-

Deren Kulturstifter betrachten die Freiheit allerdings nicht als von Gott gestiftet, sondern von epochalen Ereignissen herrührend. Denn die diesseitigen Größen Geburt, Leben und Sterben geraten immer mehr unter die Diktatur der Freiheit von anderen, die die traditionelle Gemeinmoral hinter sich lassen. Der Embryo der selbstbestimmungsberechtigten Mutter tötet sich nicht selbst. Der lebend Geborene unterliegt zeitlebens einem immer größer werdenden Einfluss von Algorithmen[391], die nicht er selbst entworfen hat. Und am Lebensende überwiegt bald der Druck, von dem Sterbehilfeangebot Gebrauch zu machen, um bloß niemandem zur Last zu fallen. Johannes Paul der Große hatte nicht nur eines der bedeutendsten Pontifikate, er hat uns auch gezeigt, wie man leidenschaftlich eines natürlichen Todes sterben kann, dazu aber muss man wahrhaft frei sein, nicht nur scheinbar.

Eine falsch verstandene, weil tötende Freiheit ist auch in anderer Weise Ausgangspunkt für die Abkehr des Heiligen Geistes. Sie betrifft die Ignoranz gegenüber dem eigenen Tod und den Wunsch nach ewigem Leben, der durch medizinischen Fortschritt angestrebt wird. Solche Sehnsüchte beziehen sich natürlich nicht auf das ewige Leben nach der Auferstehung, die man demzufolge gar nicht erreicht. Wer ewige Jugend und Unsterblichkeit anstrebt, vertraut nicht auf seine Auferstehung, die göttliche, nicht menschliche Kraft, die wahrhaft dem Tod seine Grenze setzt. Aber begrenzt ist der Erdenplatz, weshalb die Kindstötung für solche Träumer

---

treibungsfrage", catholicnewsagency.com v. 10.7.2020

[391] Nicht nur durch das Mobiltelefon. Der an anderer Stelle des Buches auftretende Kriminologe Christian Pfeiffer entwickelte den Begriff der „Medienverwahrlosung" für den wachsenden unkritischen Konsum von TV, Videos, Internet, Computerspielen vor allem bei Kindern und Jugendlichen

konsequent ist[392], wenn man selbst ewig leben will. Nur katholisch ist das nicht.

Demos contra Ethos

Obwohl Freiheit der Zentralbegriff jeder Emanzipation geworden ist, bleibt Unfreiheit in unserer aktuellen Gesellschaft stets Voraussetzung für Freiheit, nur personenverschieden, Freiheit ist etwas sehr einseitiges geworden. Denn während man dem Paar sexuelles Vergnügen ohne Schwangerschaftsrisiko gönnt, lässt man der Leibesfrucht nicht mal das Lebensrecht. Die Leibesfrucht nimmt kurzerhand nicht Teil an der zeitgemäßen Bedürfnispyramide. Solche Frauen und ihre Partner, falls auch die die Abtreibung befürworten, haben absolut nichts Marianisches und natürlich kritisieren Synodale die Verehrung des Unbefleckten Herzens Mariens, weil sie nicht mehr in das „neu gewonnene Frauenbild" passt. Von einem „Gewinn" bei diesem marienverachtenden Frauenbild zu sprechen, ist allerdings eine Schande.

Indem der eine frei sein kann, wird die Freiheit eines anderen zeitgemäß eingeschränkt. Der katholische Freiheitsbegriff dagegen steht in permanenter Abwägung der Rechte derer, deren Freiheiten kollidieren. Das muss besonders zwischen Mutter und ungeborenem Kind gelten und steht jeder Form der Familienplanung mit ihrer pränatalen Brutalität entgegen. Frauenfreiheit gegen Kindesleben – ein ungleicher Tausch. Familienplanung ist ein Stichwort für diesen modernen Eingriff in die göttliche Vorsehung. Jene Schieflage unseres Ge-

---

[392] Die denkbare Variante, andere Erwachsene zu töten, um für sein ewiges Leben Platz zu schaffen, birgt gleich zwei alternative Risiken: entweder ich werde bestraft oder ich unterliege dem anderen. Das kann den Ewige-Jugend-Mimosen bei der Abtreibung nicht passieren!

sellschaftskonzeptes braucht ein Korrektiv, das die westliche Demokratie ihm nicht gibt, im Gegenteil, demontiert gerade der Demos des § 218 a Strafgesetzbuch die Moral des Ethos, Emanzipation zerstört Leben. Göttliche Gerechtigkeit ist jedoch komplexer als Emanzipation.

Besonders in Krisenzeiten appelliert ausgerechnet der Demos an das Gewissen des Ethos. Während der Corona-Krise forderten am 8. April 2020 NGOs[393] wie Human Rights Watch und Amnesty International sowie postkommunistische Gewerkschaften wie CGIL[394], aber auch der internationale Abtreibungskonzern Planned Parenthood von europäischen Regierungen in einem offenen Brief, die Schwangerschaftskonfliktberatung solle per Video statt in einem persönlichen Vier-Augen-Gespräch erfolgen und die Beratungsscheine per Post verschickt werden. Auch die seinerzeitige deutsche Familienministerin Giffey sah sich „in der Verantwortung, dem berechtigten Schutzinteresse der Beratungsfachkräfte Rechnung zu tragen".[395] Abtreibungspillen sollten zuhause eingenommen werden können.[396] Hinter dem seltsamen Verlangen nach weiterer Erleichterung der Kindstötung stand auch die WHO.[397] Die USA hatte zu der Zeit ihre Geldflüsse an die WHO eingestellt. Dadurch stieg Bill Gates mit seiner Bill And Melinda Gates Stiftung zum größten WHO-Geldgeber auf. Die Stiftung ist der Philanthropie verpflichtet und eine der weltweit größten Finanziers der Abtreibungslobby. Der Bogen zur synodalverehrten Französischen Revolution ist schnell gespannt. Die älteste überkonfessionelle philanthropi-

---

[393] Non Governmental Organisations, Nichtregierungsorganisationen

[394] Confederazione Generale Italiana Del Lavoro

[395] „Abtreibung in Corona-Zeiten", die-tagespost.de v. 26.3.2020

[396] „Inmitten der Corona-Krise: 100 NGOs blasen zur Jagd auf ungeborene Kinder", katholisches.info v. 16.4.2020

[397] World Health Organization

sche Gesellschaft hatte 1780, neun Jahre vor dem Sturm auf die Bastille, ihren Sitz in Paris. Um von dort zum Place de la Bastille, einem der Hauptorte der Französischen Revolution auf der anderen Seine-Seite zu kommen, kreuzt man die Isle de la Citè, auf der 1307 der Großmeister des Tempels, Jacques de Molay als einer der wichtigsten Verteidiger abendländischer Kultur auf dem Scheiterhaufen verbrannt wurde. Neben der örtlichen und zeitlichen Nähe zum Ursprung der Sternberg`schen Ideenquelle begegnet uns auch wieder die übliche Taktik: Zwei unabhängige Ereignisse – dort der Missbrauch, hier Corona – werden zum Vorwand genommen, eigene Ziele zu verfolgen. Der offene Brief trägt den repräsentativen Titel „Gemeinsame Erklärung der Zivilgesellschaft", als stünden wir alle hinter den todbringenden Forderungen. Die ungefragte verbale Vereinnahmung aller durch eine kleine Gruppe kennen wir bereits durch die Synodalen, insofern nichts neues von den Zeitgemäßen. Weiter heißt es: „Die europäischen Regierungen müssen während der COVID-19-Pandemie einen sicheren und zeitnahen Zugang zur Abtreibungsversorgung gewährleisten".

Abtreibungsversorgung – einmal mehr geht es um die flächendeckende Freiheit der Mutter anstatt um das Leben des Ungeborenen. Eine weitere Verballhornung ist das Neuwort reproduktive Gesundheit, das von selbsternannten Kinderorganisationen benutzt wird wie Terres des Hommes und SOS Kinderdorf.[398] „Gesundheit" macht dann auch den Eindruck, als verwehre man den werdenden Müttern eine lebenswichtige Operation und nicht eine Kindstötung. Und nachdem die oben erwähnte Maria Flachsbarth am 19.6.2020 ihr Engagement für die Planned-Parenthood-Initiative „SheDecides" öffentlich bekundet hat, springt Sternberg ihr eilends bei: Er

---

[398] So in einem Brief v. 6.4.2020 an die europäischen Regierungen mit ähnlichem Appell

sei sich „völlig einig" mit Flachsbarth.[399] Einer, der einem der weltweit größten Abtreibungsanbieter so nahesteht, ist Mitinitiator des Synodalen Wegs. Es verwundert auch nicht, wäre es doch eine Utopie, aus dem kompletten Emanzipationsprogramm nur das Frauenpriestertum herleiten zu können, ohne das Abtreibungsrecht mit einzukaufen. Christlich ist nur noch der Name einer Politik, die Kinder zur Familie zählen, aber bitte nicht mehr als 1,57. Das ist die Anzahl derer, die die Familienplanung ihrer Eltern überleben.

Fruchtbarkeit und Verschwendung

Mancher mag sich wundern, dass ich in einem Buch den Synodalen Weg betreffend dem Thema Abtreibung so viel Platz widme, lautet die offizielle Version auch der Synodalen doch „Schutz dem Ungeborenen". Jedenfalls nicht nur, weil der seinerzeitige ZdK-Präsident Sternberg zum 3. Ökumenischen Kirchentag in Frankfurt 2021 Parteien ans Podium eingeladen hat, deren Mitglieder für die Tötung Ungeborener votieren.[400] Es geht vielmehr darum, dass Kirchenreformer mehr und mehr auf Grenzziehung verzichten und alles Moralische dem Zeitgeist – oder ist es der Durchschnitt – zum Fraß vorwerfen. Die Bejahung von Sexualität ohne Kinderwunsch führt bei unerwünschtem Erfolg ja regelmäßig zur Abtreibung. Welchen Sinn soll es machen, der Abtreibungslobby zeitgemäß ein Rednerpult zu geben, um ihr anschließend am Ambo katholisch zu widersprechen?

---

[399] „ZdK-Präsident Sternberg zum Flachsbarth-Skandal: Sind uns `völlig einig`", catholicnewsagency.com v. 24.6.2020

[400] „Nationalismus und Katholizismus gehen nicht zusammen", domradio. de v. 5.6.2020

„Die Abtreibungen, die das unschuldige
Leben töten, mögen aufhören"
Papst Franziskus in der Osternacht 2020[401]

In Deutschland verbündet sich die Kirche schon seit 2018 wieder mit dem staatlichen Modell der Lebensfeindlichkeit. Johannes Paul der Große hatte die deutschen Bischöfe 1998 auf Kurs gebracht, indem er sie anwies, aus der staatlichen Schwangerenkonfliktberatung auszusteigen, weil die Kirche sich nicht an einem System beteiligen dürfe, das mit der Ausstellung von Beratungsscheinen die Kindestötung erlaube. Vorausgegangen war ein langer Disput zwischen dem damaligen DBK-Vorsitzenden Kardinal Lehmann und dem Papst, währenddessen der Deutsche sogar seinen Rücktritt anbot. Der Papst ließ ihn im Amt, Lehmann gab 1999 nach, aber das ZdK widersetzte sich. Aus der Laienorganisation wurden die Vereinsgründer von Donum Vitae rekrutiert[402], der die Schein-Praxis fortsetzte. In 2006 distanzierte sich die DBK ausdrücklich von Donum Vitae, der Verein stehe außerhalb der katholischen Kirche in Deutschland. Aber das Blatt wendete sich erneut. Der das „Männerbündische" stets verurteilende Kardinal Marx hochlobte in 2018 Donum Vitae für seine lebensschützende Arbeit, jede Mitarbeiterin könne jetzt auch in kirchlichen Beratungsstellen arbeiten[403] und sein Freund vom ZdK ließ umgehend entzückt reagieren.[404] Ledig-

---

[401] *Es gibt Hoffnung in dunkelster Stunde, sueddeutsche.de v. 11.4.2020*

[402] Die frühere ZdK-Präsidentin Rita Waschbüsch war noch bis 2019 Vereinsvorsitzende, die nebenbei für Demokraten für die Kirche plädiert, „Im Grunde trennt uns von der Haltung der Kirche nichts", domradio.de v. 22.5.2020

[403] „Abtreibungsdebatte: Kardinal Marx und sein fatales Lob für „Donum vitae", charismatismus.wordpress.com v. 27.2.2018

[404] „Von den freien Vereinigungen in der Kirche", ZdK-Generalsekretär Ste-

lich dem Kölner Weihbischof Ansgar schien die Klarstellung wichtig, dass Donum Vitae „eine Vereinigung außerhalb der katholischen Kirche" sei und sich jede Donum-Vitae-Beraterin, die in einer Beratungsstelle des Kölner Erzbistums arbeiten wolle, öffentlich und vollumfänglich gegen die Beratungsschein-Praxis erklären müsse.[405]

Der „Schein" war der germanische Casus Knacksus des bisherigen kirchlich-staatlichen Disputs: Der Bundestag hatte die Bescheinigung einer in Anspruch genommenen Konfliktberatung zur Voraussetzung der straffreien Kindstötung gemacht, nachdem das Bundesverfassungsgericht das gefordert hatte. Der Parlamentsmehrheit selbst war es folglich keine Herzenssache, sondern eine notwendige Formalie, die man auf dem Weg zur Tötung einzuhalten hatte, also wurde der Schein eingeführt. Wahrlich ein Schein, denn die Beratung ist das Stück Papier nicht wert, auf dem sie steht: Es gibt Fälle, bei denen der Schein bereits vor dem oder gar ohne das Gespräch zur Abholung bereit liegt. Neuerdings soll er online abrufbar werden.

In einer viel zu wenig beachteten Pressekonferenz spricht der Chef des kanadischen Portals lifesitenews.com am 21.1.2020 Klartext. Kardinal Marx wird darin aufgefordert umzukehren zum wahren Evangelium. Wegen seiner Nähe zur Abtreibungslobby habe er eine ganze Generation von jungen Katholiken verdorben, viele von denen würden nun abscheuliche Handlungen begehen, welche zum Himmel nach Rache schrien und ihre Seelen in Gefahr brächten. Wegen seiner Auffassungen zu Frauenordination und Zölibat sowie Sexuallehre bescheinigt der Redner dem Kardinal „Sie haben sich als Wolf

---

fan Vesper, zdk.de v. 28.2.2019

[405] „Abtreibung. Erzbistum Köln erklärt sich zu Donum vitae", Kölner Stadtanzeiger ksta.de v. 30.1.2018

gezeigt", als einen „trügerischen Arbeiter, der sich als Apostel Christi" verkleide und prophezeit: „Das Feuer der Hölle erwartet Sie". Der Sprecher wirft dem Kardinal ausdrücklich vor, im Geheimen falsche Häresien einzuführen wie einer der falschen Propheten, vor denen der Apostel Petrus gewarnt habe. Er weise unseren Kindern den Weg in die Hölle. Es sei besser für Marx, ihm einen Mühlstein um den Nacken zu binden und ihn ins Meer zu werfen. Marx widerspreche der Einheit der Kirche, wenn er sage, die Kirche in Deutschland sei keine Filiale von Rom. Marx reiche den Politikern die Kommunion, die die Abtreibung befürworten, verwehre sie aber denen, die ihm keine Kirchensteuern mehr zahlen wollten.[406]

Euthanasie für Lebendgeborene

Zum Herrn über Leben und Tod schwingt sich unsere Legislative nicht nur vor der Geburt derer auf, die noch keine guten Demokraten werden konnten. Die geschäftsmäßige Sterbehilfe war bis Februar 2020 unter Strafe gestellt.

In § 217 StGB hieß es:

Strafgesetzbuch § 217 Geschäftsmäßige Förderung der Selbsttötung

(1) Wer in der Absicht, die Selbsttötung eines anderen zu fördern, diesem hierzu geschäftsmäßig die Gelegenheit gewährt, verschafft oder vermittelt, wird mit Freiheitsstrafe bis zu drei Jahren oder mit Geldstrafe bestraft.

Die Leitkultur des Todes durch Abtreibung ging der Judikative nicht mehr weit genug. Das Bundesverfassungsgericht (BVerfG) erklärte am 26.2.2020 auf mehrere Verfassungsbeschwerden den § 217 StGB für nichtig. Geschäftsmäßige Förderung

---

[406] lifesitenews.com, Pressekonferenz v. 21.1.2020

der Selbsttötung ist seither erlaubt. Die Abhängigkeit des Seins von anderen Kräften als Gott hat das Gericht damit erweitert. Jeder versündigt sich, der so tut, als gehöre das Leben auf Wochenbett und Sterbebett nicht Gott allein.[407]

Ist die selbstbestimmte Tötung Folge nicht genügender palliativmedizinischer Versorgung, wie Prof. Lob-Hüdepohl als Mitglied des deutschen Ethikrates vermutet?[408]

Auch das ist der Fluch der Gewaltenteilung, dem Erbe der Französischen Revolution, auf die sich Synodale so gerne berufen. Tötungs-Assistenz statt Hospizarbeit, ein Armutszeugnis für das Zusammenleben.

Das BVerfG argumentiert unter anderem:

Leitsätze

Zum Urteil des Zweiten Senats vom 26. Februar 2020

> *1.   ...*
>
> *2.   c) Die Freiheit, sich das Leben zu nehmen, umfasst auch die Freiheit, hierfür bei Dritten Hilfe zu suchen und Hilfe, soweit sie angeboten wird, in Anspruch zu nehmen.*

Nach abendländischer Tradition hat ein jeder ein Recht auf Leben, aber kein Recht auf Tod. Wenn Richter Erfindungen machen wie hier das angebliche Recht, sich das Leben zu nehmen, ermöglicht das dem Arzt von nun an die Suizidbeihilfe, und nicht nur dem. Auch nichtärztliche geschäftsmäßige Sterbehilfe ist damit legalisiert.

---

[407] In 2022 fiel auch das Verbot der Werbung für Abtreibung

[408] „Mir ist die Spucke weggeblieben", domradio.de v. 26.2.2020

Geburt und Tod sind justiziabel geworden. Ungeborene sind rechtlos und Sterbende dem Druck der Suizidangebote ausgeliefert. Sterbehilfevereine jubilieren, denn „dies mache Suizidbeihilfe künftig nicht nur für Schwerstkranke, sondern für Menschen in jeder Lebensphase möglich"[409], juhu! Und weil das mit dem Beratungsschein und Abtreibungen so gut klappt, soll ein solcher auch den Zugang zu tödlichen Medikamenten eröffnen.[410] Wo ist der Heilige Geist in dieser Welt?

Inzident geriert sich das Bundesverfassungsgericht damit als allmächtig, denn faktisch entscheidet es vorab darüber, wer Sterbender ist und wer sich als Nichtsterbender das Leben nehmen will. Beim strafbaren Mord spielt es für das Strafmaß keine Rolle, wie lange das Opfer noch zu leben gehabt hätte, aber bei der Sterbehilfe wird die medizinische Vorfrage der Lebensende-Zeit zur Voraussetzung der Straflosigkeit. Die Einheit des Rechts wird verfassungsgerichtlich ad absurdum geführt.

Ein jeder möge sich fragen, ob diese Weltanschauung nicht nur gegen christliche Werte verstößt[411], sondern auch die Grenzen der Gesinnungsmoral überschreitet. Wie soll sich das Antlitz Gottes jetzt noch in uns Menschen zeigen?

Wie ernst es der westlichen Welt mit dieser aus den Fugen geratenen Kultur ist, zeigt ein Fall aus Kanada einen Tag vor dem deutschen Urteil. Am 25.2.2020 entzog die zuständige Behörde in British Columbia einem Altenheim die Konzession, weil

---

[409] „Sterbehilfeverein in Hannover lobt Urteil aus Karlsruhe: Erwartungen noch übertroffen", haz.de v. 26.2.2020

[410] Gesetzesinitiative v. 29.1.2021 der deutschen Abgeordneten Prof. Karl Lauterbach, Katrin Helling-Plahr und Petra Sitte

[411] Im Katholizismus gehört schon der Suizid selbst nicht in die Menschenwürde, denn die ist gottgegeben

es sich geweigert hatte, Sterbehilfe zu leisten.[412] In Kanada ist aktive Sterbehilfe seit 2016 nicht nur erlaubt, Institutionen sind dazu verpflichtet.

Du sollst nicht töten

Fünftes Gebot

Sex and War

Wie wir gerade gesehen haben, entstehen Kinder nicht nur aus der Liebe wie die Kirche sie versteht, als Nachkommen im Sinne Gen 1, 28. Sie entstehen auch aus der isolierten Lust, der der Mensch nachgibt, wenn er sich bloß der fleischlichen Begierde hingibt, ohne sich dem Sexualpartner ganz und mit dem Herzen zu schenken. Sieht die Frau[413] nach dem Geschlechtsakt ihre Freiheit in Gefahr und tötet sie das entstandene Kind, ist dies zweifelsohne Gewalt. Ein Geschlechtsakt, der von vornherein auf Lustbefriedigung allein gerichtet ist und dessen Träger den auch unbewussten Vorsatz hat, ein daraus entstehendes Kind zu töten, trägt daher schon die Tötung des Lebens in sich, das er gerade im Begriff ist, zu erschaffen. In seinem innersten Kern ist auch die blanke Lust deshalb, wenn sie mit dem Gedanken späterer Tötung ausgelebt wird, Gewalt. Auf diese Weise fusionieren der Verstoß gegen die kirchliche Sexualmoral und der Verstoß gegen das Fünfte Gebot.

Der westliche Demos legitimiert beides und fördert dadurch ihre Kombination. Jetzt fordert er von der Kirche als letzte Bastion gegen diese Kultur des Todes Einlass von Sex – außerhalb

---

[412] „Canadian hospice forced to close after refusing to offer assited dying", Catholic News Agency online v. 28.2.2020

[413] Oder der Mann, indem er beispielsweise durch eine Mitwirkung oder durch Unterlassen an der Kindstötung teilnimmt

der Ehe – und Gewalt. Und es sind ausgerechnet Bischöfe, die sich zu seinem Sprachrohr gegen die katholische Sexualmoral machen. Noch treten sie Abtreibung verbal entgegen. Die unter ihnen, die keine Heuchler sind, meinen offenbar, sie könnten eine neue Sexualmoral ohne Abtreibung im Schlepptau bekommen. Mit ihrem Votum für die Akzeptanz der unehelichen Geschlechtervereinigung sowie der Befriedigung ohne Kinderwunsch machen sie jedoch den ersten Schritt auf dem Weg der Freiheit, der mit Lust beginnt und mit Totschlag endet, *homo homini lupus* – der Mensch ist des Menschen Wolf. Eine Änderung der katholischen Sexualmoral in die propagierte Richtung hilft der Kindstötung damit unfreiwillig, aber automatisch in die Kirche. Haben sie das Tor für eine neue Sexualmoral einmal aufgerissen, werden in ihrem Gefolge die Schreie der Ungeborenen in einem verzweifelten Choral emporsteigen und in klagendem Rauch Bestrafung fordern, weil sie kein irdisches Leben haben durften.

Wenn dann Priesterehe und Frauenordination Hand in Hand mit Lust und Gewalt gehen, wird die Unordnung über die Ordnung herrschen und alle Säulen mitreißen in den gewaltigen Sog irdischer Vernichtung.

Mit dem Werkzeug der Gewaltenteilung bewaffnet, von der Kirche gelangweilt, trunken von Kindesblut machen Demokraten die Welt kein bisschen besser. Im Gegenteil, verführen ihre Lügen unsere Bischöfe zu dummer Loyalität. Ich weiß nicht mal, ob wir sie vor dem Feuer retten können, wenn sie so unbeirrt diesen Zeitgeist des Mittelmäßigen reiten. Nur wenige von uns werden den Mut haben, nicht wegzuschauen, sondern sich den Verirrten offen in den Weg zu stellen, auch mit der Aussicht auf Prozesse, Häme und Ausgrenzung. Wenn wir Katholiken sind und bleiben wollen, müssen aber ein paar von uns hinsehen und aufstehen.

Surge est!⁴¹⁴

Moral: Gesinnung oder Verantwortung?

Braucht die Welt das Katholische überhaupt, wenn sie doch auch ohne über so viel Moral verfügt?

Moral ist die „Gesamtheit von ethisch-sittlichen Normen, Grundsätzen, Werten, die das zwischenmenschliche Verhalten einer Gesellschaft regulieren, die von ihr als verbindlich akzeptiert werden".⁴¹⁵ Demnach wird ohne Unterschied in der Folge nach der gefühlten Anzahl der Akzeptanz-Personen differenziert. Moral kann allerdings auch das „sittliche Empfinden des einzelnen" sein.

Konkret kann das heißen:

2015 fand die Entscheidung zur Aufnahme von ca. einer Million Flüchtlinge in Deutschland große Akzeptanz. Das Aufnahmeverhalten der Politik wurde bei uns im Westen somit für moralisch gut geheißen: Menschen auf der Flucht vor Krieg sollten bei uns ihr Recht auf Leben und Unversehrtheit in Würde realisieren können. Die Frage, warum nicht wenigstens die Flüchtlinge männlichen Geschlechts und im Alter zwischen 18 und 55 Jahren alternativ zur Flucht den Kampf gegen ihre Peiniger wählten, wurde nicht gestellt. Immerhin betrifft diese Frage das Recht auf Verteidigung und auch den *bellum iustum*, den „gerechten Krieg" in der abendländischen Rechtsgeschichte.⁴¹⁶

Politisch weitsichtig war das nicht. Denn „wenn viele flüchten und wenige kämpfen"⁴¹⁷, ist es wahrscheinlich, dass der

---

⁴¹⁴ Erhebt Euch

⁴¹⁵ Definition Moral, google

⁴¹⁶ Augustinus von Hippo

⁴¹⁷ „Zuwanderung und Moral", S. 11, Konrad Ott, Reclam 2016

Tyrann an der Macht bleibt und eine spätere Rückkehr der Flüchtlinge unmöglich wird.

Kann ich nun von Moral in ein und demselben Individuum sprechen, das durch einen Tyrannen von Tod und Folter bedrohte Flüchtlinge bedenkenlos aufnimmt, aber Folter und Tötung Ungeborener unter die Freiheitsrechte der Kindesmutter subsumiert? Das ist keine rhetorische Frage und es kommt hier überdies auf die Personenidentität der beiden Haltungen an.

Teils liegt dieser Widerspruch in der Verschiebung des von der westlichen Moral Begünstigten: Vom Nächsten zum Übernächsten.[418] Das ungerechte Schicksal eines Menschen auf der anderen Seite des Atlantik lässt Millionen Menschen auf die Straße gehen, während die drohende Tötung des Ungeborenen von der anderen Straßenseite nur sehr wenige an ihr Nothilferecht erinnert. Diese Entwicklung bedeutet einen signifikanten Bequemlichkeitsgewinn, denn direkt nach Demo-Ende kann der Moralist wieder seinen Geschäften nachgehen, während die Ex-Schwangere von gegenüber ihm abends bedrohlich in sein Wohnzimmer glotzen würde, hätte er sich dort eingemischt. Auf diese Weise lässt sich mit minimalem Input wunderbar moralisch sein und hat der ruhende Sesselheld schon Stunden später bei kleinen Häppchen und Fernsehflimmern von weltweiten Demos das Gefühl, mittags Großes getan zu haben. Für diese Menschen findet Unrecht weit weg und stets außerhalb des Mutterleibes statt.

Dagegen können wir angesichts des geringen Protestes gegen die gesetzliche Straflosstellung von Kindstotschlägern davon ausgehen, dass Ungeborenentötung der Moralvorstellung vie-

---

[418] Die Erkenntnis stammt von Prof. Norbert Bolz, Philosoph und Medienexperte

ler entspricht, ob sie nun selbst Täter sind oder nur duldende Mitwisser.

Nach der obigen Definition lautet die Antwort der westlichen Moral: Sowohl die Aufnahme einer großen Anzahl Flüchtlinge als auch die Tötung Ungeborener ist moralisch, soweit es nicht die individuelle, sondern die gesellschaftliche Akzeptanz in Deutschland betrifft.

Das ist gleichsam Ausdruck wie Ergebnis der Gesinnungsethik als der, die sich im Westen zum Souverän über die Verantwortungsethik aufschwingt.

Wir hatten bereits gesehen, dass Gesinnungsethiker plädieren, Zuwanderungsgesetze sollten von Migranten gemacht werden, da sie doch davon betroffen seien.[419] Aber warum votiert in Konsequenz daraus niemand für die Zuständigkeit der Ungeborenen für Abtreibungsgesetzgebung?[420]

Voraus ging dieser Forderung nach Migrantengesetzgebungskompetenz das schleichende Mutieren des Wortes „Flüchtling" in das Wort „Migrant", für die meisten unbewusst, aber parallel zu der Verwandlung der wahren Flüchtlingskrise vor 2015 in die ungesteuerte Migration danach. Da sich den syrischen Kriegsflüchtlingen am Flughafen Istanbul monatelang zahllose Pseudosyrer aus Nordafrika anschlossen, müssen wir bei dem Phänomen auf der darauffolgenden Balkanroute[421] von

---

[419] „Wie lassen sich liberale Ideale auch auf Immigrierte ausweiten?", Monika Kirloskar-Steinbach, Zeitschrift für philosophische Forschung, 69/3 (2015), S. 326-346

[420] Wenden Sie jetzt ernsthaft ein: Die sind nicht rechts- und handlungsfähig? Kein Problem: jedem ungeborenen Abtreibungskandidaten möge ein Bevollmächtigter aus der Pro-Life-Bewegung zur Seite gestellt werden

[421] Das Wort Balkanroute beschreibt die europäischen Festlandsmigrationswege von Istanbul bzw. Griechenland über Nordmazedonien, Montenegro oder Serbien, Bosnien-Herzegowina, Kroatien, Slowenien nach Österreich und Deutschland

gemischten Migranten- und Flüchtlingsströmen reden, nicht von bloßen Flüchtlingsströmen. Nicht nur die Schwierigkeit der Entdeckung der wahren Identität des Einzelnen, sondern auch die Frage der ungleichen Behandlung ungleicher Migrationsmotive[422] machte Gesinnungsethikern ein unerträglich schlechtes Gewissen, weshalb sie kurzerhand Ungleiches gleich behandelt wissen wollten. Oft fordern diese Leute „jeder verdient eine Chance". Meine Frage ist: Warum in Deutschland, diesem winzigen Flecken Erde? Das Nachsehen haben doch die wahrhaft politischen Flüchtlinge, die die Ressourcen des Aufnahmelandes mit den Wirtschaftswanderern teilen müssen.

Der kroatische Investigativjournalist Robert Valdec[423] hat in einem Interview[424] den Grad organisierter Migrationsströme dargelegt. Staaten nördlich und südlich der Sahara manövrieren teils zwangsweise, teils durch Anreize ihre Leute in die Flüchtlingsströme aus Syrien über die Türkei nach Westeuropa. Hierzu werden sie von Schleusern an der türkischen Küste in marode Boote gesetzt, ein Beiboot zieht sie bis an die türkisch-griechische Seegrenze, während ein anonymer Anruf die europäische Seenotrettung alarmiert. Das Beiboot ist verschwunden, bevor das Rettungsschiff die Havarierten erreicht und europäische Mittelmeeranrainer um Aufnahme ersucht. Deren Ablehnung ruft die Gesinnungsethiker auf den Plan, die aus den Migranten nun wieder Flüchtlinge machen. Die Hilfe gegenüber den Ankömmlingen wird dann meist beim Staat angemahnt, während die Mahner selbst ungeschmälert ihren Wohlstand genießen.

---

[422] Kriegs- und Bürgerkriegsflüchtlinge wollen weg vom Krieg, ihr Motiv ist ein Push-Faktor, während Menschen in der Hoffnung auf ein besseres Leben in einem bestimmten Zielland einem sog. Pull-Faktor folgen

[423] Untersuchung und Recherche statt platte Meinungsmache waren früher selbstverständlich für Journalisten, wer seinen Beruf heute noch ernst nimmt, darf sich Investigativjournalist nennen

[424] Am 16.3.2020 in der serbischen TV-Sendung BalkanInfo

Ein solcher Transfer des Guten von der bloß eigenen guten Haltung in die Handlungspflicht des Staates ist typisch für Gesinnungsethiker[425] und spiegelt die Bereitschaft „Spenden ja, aber innerhalb der steuerlichen Absetzbarkeit". Natürlich darf man Ertrinkende unabhängig von ihren Motiven nicht dem Meer überlassen. Zu der Situation kommt es aber nur, weil die EU ihre Verantwortung erst vor der Seegrenze wahrnimmt und dadurch einen selbstgemachten pull-Faktor für Migration installiert. Das Schleppergeschäft boomt wegen der europäischen Rettungsgarantie auf Mitte See.

In einem absurden Moral-Ergebnis floriert im Westen beides, das Schleuser- und Abtreibungsgeschäft, infolge unterschiedlicher Privilegien: Wer schon geboren ist, soll weiterleben, der Ungeborene aber nicht.

Wie steht die Kirche dazu?

Macht auch die Kirche diese Unterschiede zwischen Asylrecht und Lebensrecht?[426]

Asyl ist ein biblisches Recht[427] und damit christlichen Ursprungs. Es beschreibt ein Recht des sicheren Rückzugs. Soweit besteht prinzipiell Kongruenz mit dem EU-Asylrecht.[428]

Ein christliches Recht zur Tötung Ungeborener gibt es dagegen nicht. Hier besteht der Unterschied zur aktuellen westlichen Zivilisation.

---

[425] Gegenüber Verantwortungsethikern

[426] Des Ungeborenen

[427] Exodus, 21,13

[428] Die staatliche Intervention ins Kirchenasyl wurde 2020 zuerst durch den Fall der Benediktinerin Mechthild Thürmer, Äbtissin des fränkischen Klosters Kirchschletten, bekannt

In den obigen Beispielen schützt die Kirche sowohl den Flüchtling als auch das Ungeborene. Sie fragt auch – anders als die westliche Welt, die sich für das Tötungsmotiv der abtreibenden Mutter interessiert[429] – beim Asyl nicht nach den Tötungsmotiven des Kriegstreibers in der Heimat des Flüchtlings.

Zwar sind auch Abtreibungsbefürworter, die über die Knabentötung durch Herodes` Mörderbanden lesen, teils tief erschrocken. In ihrer eigenen sozialen Umgebung finden sie das aber moralisch in Ordnung. Nein – es gibt natürlich den Unterschied, dass Herodes` Opfer lebend geboren und erst dann zerstückelt wurden, ein Fall des Neonatizid, während unsere Ungeborenen bereits im Mutterleib zerschnitten werden, weil man sie in Teilen besser durch den Geburtskanal bekommt, ein Unterschied des Fortschritts zur zügigen Entsorgung der Kinderleiche.

Nun kann es sein, dass die Entrüstung vor Herodes daraus resultiert, dass der biblische Mord beschrieben ist, der Mord an unseren Ungeborenen aber nicht. Letzterer ist nur Gegenstand medizinischer Fachliteratur und gelangt nicht in unsere Laienhände, wohl zur Vermeidung emotionaler Belastung, denn auch die Presse will nur unser Bestes. Das Selbstbestimmungsrecht der Frau als ungewollte Mutter ist dagegen allgegenwärtig und rührt Logik wie Gefühle. Leben und Sterben des Ungeborenen sind allenfalls Gegenstand von Paragrafen, lebendige Gleichberechtigung gegen tödliche Gesetzesmaterie. Die rechtsstaatliche Moral hat dann folgende Gleichung: Frau plus Freiheit gleich Abtreibungsrecht. Das Kind taucht in dieser Gleichung nicht auf, denn es wird nicht vor unseren Augen entsorgt.

---

[429] § 218 a Abs. 2 Strafgesetzbuch

So gewinnt der Feminismus durch seine in Wirklichkeit intolerante Selbstbezogenheit einen bedeutenden Einfluss auf die Entwicklung der westlichen Moral. Aus diesem Nährboden wächst der synodale Impuls für die Transformation gesellschaftlicher Paradigma in die Kirche.

Jeder Katholik entscheide für sich, ob er das will.

Das II. Vatikanum, die Nazi-Pille und die deutsche 68-er Politik

Das II. Vatikanische Konzil[430] brachte nicht nur Neuerungen in der Sprache der Liturgie und hatte Folgen für die bischöfliche Mitgestaltung der Weltkirche. Es betonte insbesondere die herausragende Stellung Mariens und die Bedeutung der Brüder und Schwestern des geweihten Lebens mit ihrem Gelübde von Armut, Keuschheit und Gehorsam. Gott selbst sei Urheber der Ehe und die Familie von größter Bedeutung „für den Fortbestand der Menschheit".[431]

Nach dem Konzil wandte sich Papst Paul VI in seiner Pillenenzyklika[432] entgegen seiner Beratermehrheit gegen Verhütung durch Pille und Kondom.[433]

Die Gesellschaft in Deutschland entwickelte sich mehrheitlich anders, auch der katholische Teil war nicht auffallend gehorsam, sondern reaktionär, bestenfalls uninteressiert an den Papstworten. Noch heute jubeln verirrte Katholiken der protestantischen Ex-Bischöfin Käßmann zu, wenn sie im Münchener katholischen Liebfrauendom predigt „Wir können sie

---

[430] 1962-1965

[431] Gaudium et spes II, 48

[432] Humanae Vitae, Enzyklika aus 1968 von Papst Paul VI

[433] Mit der Enzyklika sprach der Papst nicht ex cathedra, ihr Inhalt hat also keinen Unfehlbarkeitsanspruch

(die Pille, Anm. d. Unterz.) aber auch als Geschenk Gottes sehen".[434] Die Geburtenrate fiel in Deutschland Ende der 1960-er gerade wegen der Verhütung von 2,6 auf 1,4 Kinder pro Frau. Jenes Phänomen pendelte sich bis in unsere Zeit zu einer Geburtenrate von 1,57[435] ein, liegt mithin seit Jahrzehnten unterhalb des sog. Bestandserhaltungsniveaus von 2,1[436] und wird im demokratischen Sprachennebel „Familienplanung" genannt.

Die Pille geht auf die Forschung des SS-Gynäkologen Carl Clauberg zurück, der sein Wissen in die Dienste von Auschwitz stellte, wo er an den Lagerinsassinnen herumexperimentierte. Dessen Forschung setzten die US-Wissenschaftler Pincus, Djerassi und Colton in den späten 50-er Jahren mit dem Geld der Feministin Katharine McCormick um. Auch die Anhängerin der Rassenhygiene Margaret Sanger, der späteren Mitbegründerin von Planned Parenthood, hatte erheblichen Anteil an der Motivation.[437] Der Zuwachs des schwarzen Bevölkerungsanteils ließ sich über die Pille bequem niedrig halten, ein leiser Völkermord mitten in Amerika, das sich noch kurz vorher mit großen Worten gegen Hitlers Rassegesetze gewandt hatte. Schon damals war nicht alles wie es schien. Und die Sache hat ein weiteres Paradoxon hervorgebracht: Heute sind die treuesten Gefolgsleute von Planned Parenthood auch die lautesten Anhänger von blacklivesmatter. Für Lebensschützer sind sie deshalb schwierige Diskussionspartner, weil sie sich nur mit einem ihrer Ziele identifizieren.

---

[434] taz.de v. 14.5.2010, „Ein Geschenk Gottes"

[435] 2017

[436] bib.bund.de, Stichwort: Fertilität

[437] Sanger war 1916 Mitbegründerin von Planned Parenthood, damals noch National Birth Control League, ab 1922 American Birth Control League, der heutige Name Planned Parenthood Federation Of America stammt aus 1942

Die blacklivesmatter-Bewegung scheint ihre Gunst allerdings nicht qualitativ, sondern quantitativ, nämlich nach der Anzahl von Pigmenten zu verteilen. Als auf den Tag genau 13 Monate nach dem Mord an dem Schwarzen George Floyd das Urteil über seinen Mörder verhängt wird, erscheint ein unauffälliger Beitrag über ein polizeiliches Kapitalverbrechen in Tschechien: Täter Polizist, Opfer Zivilist, und auch die gleiche Begehungsweise wie in den USA.[438] Aber: Es ist kein Schwarzer, der getötet wird, sondern ein Roma. Aufschrei dieser Welt: Fehlanzeige![439] Der Moralschluss: Roma sind keine POC`s,[440] manchmal erkennt man sie ja auch nicht gleich, moralisch sein wär zu riskant.

1952 wurde Sanger Gründungsmitglied der deutschen Pro Familia, eine absurde Bezeichnung für das erklärte Ziel.[441] Das Forschungsergebnis war die Pille „Enovid", die 1960 in den USA durch die Arzneimittelbehörde FDA[442] zugelassen wurde. Ein Jahr darauf war die Pille „Anovlar" in Deutschland erhältlich. Der Vatikan war besorgt. In dem als Pillenenzyklika bekannt gewordenen Lehrschreiben *Humanae Vitae* wandte sich Papst Paul VI 1968 gegen künstliche Empfängnisverhütung. Geschlechtsverkehr und Fortpflanzungswunsch dürften nicht getrennt werden: „... Ehe und eheliche Liebe sind ihrem Wesen nach auf die Zeugung und Erziehung von Nachkommenschaft ausgerichtet ...".[443] Durch die ganze En-

---

[438] „Roma-Todesfall nach Polizeieinsatz schockt Tschechien", ntv-online v. 25.6.2021 über den Vorfall v. 19.6.2021

[439] bis 29.6.2021 nur 6.078 Aufrufe auf tiktoks #romalifesmatter

[440] People Of Color

[441] Mit Druckdatum 15.5.2021 erscheint auf der Startseite von profamilia.de das Banner „Wenn Sie Fragen zum Schwangerschaftsabbruch oder auch zur Antragstellung in Corona-Zeiten haben, wenden Sie sich bitte direkt an die nächstgelegene Beratungsstelle"

[442] Food and Drug Administration

[443] Humanae Vitae I, 9

zyklika zieht sich die Überzeugung des Heiligen von der Ehe als Sich-dem-anderen-ganz-hingeben. Und der Papst nennt moralisch vertretbare Alternativen: Temperatur- und Zyklusmethode. Die vier ihm nachfolgenden Päpste haben sich zu Änderungen nicht veranlasst gesehen.

Die Antwort des Säkularismus folgte auf dem Fuß, im gleichen Jahr erklärten die Vereinten Nationen das Recht auf Familienplanung zum Menschenrecht. Die Entwicklung führte in vielen Ländern zum Pillenknick, dem plötzlichen Absinken der Geburtenrate. Auch erhöhte sich das Alter der Mütter bei Geburt ihres ersten Kindes, da sie zunächst Ausbildung und Beruf anstrebten und später Mutter wurden. Gleichzeitig erhöhte sich sukzessive der Frauenanteil im Berufsleben.

Sexualität und Gesellschaft wurden durch die Antibabypille revolutioniert: Geschlechtsverkehr blieb inner- und außerehelich folgenlos. Und es kann ja nicht verwundern, dass die frühere Gesellschaftspyramide dabei zu einem Gesellschaftspilz mutiert ist mit all seinen Problemen, allen voran das kränkelnde Rentensystem und die unentschlossene Migrationspolitik, mal sind alle willkommen, in der nächsten Legislaturperiode gibt es dann wieder eine ausgefeilte Einwanderungsregelung.

Dass aus schrumpfenden Generationen mit 1,57 Kindern je Frau kaum Priester und Ordensleute berufen werden, ist auch klar.[444] Paradox ist aber, die Kirche zu geißeln, deren Rezept damals wie heute für veraltet gehalten wird, obwohl man bei dessen Beachtung keines der genannten Probleme bekommen hätte, wir hätten dann auch im Westen weit mehr junge als alte Menschen, das Rentensystem könnte sich ohne Verschuldung

---

[444] Mittelfristig wird auch die globale Bevölkerungsentwicklung rückläufig. In 2018 holte die Zahl der über 65-jährigen die Zahl der bis 5-jährigen ein und ist seitdem auf der Überholspur, Deutsche Bank Research v. 5.4.2019

selbst finanzieren, und man müsste keine pull-Faktoren für Einwanderung aufstellen, um Arbeitsplätze zu besetzen.

Mach unsere Familien zu heiligen Orten,
wo viele Kinder voller Freude geboren werden
Gebet von Robert Kardinal Sarah

Westliche Kultur bedeutet seit 50 Jahren auch die Frage, welcher Ungeborene neben den schon lebend Geborenen selbst noch an der Geschichte der Menschheit teilnehmen darf. 2017 war in Deutschland ein Meilenstein politischer Gestaltung kommender Generationen.

Die Unmoral der Legislaturperioden

Am 27.6.2017 erzwang der SPD-Kanzlerkandidat Martin Schulz im Deutschen Bundestag eine Abstimmung über die Einführung der Ehe für gleichgeschlechtliche Paare.[445] Hintergrund waren die bevorstehenden Bundestagswahlen am 24.9.2017, Schulz wusste in diesem Moment um die gesellschaftliche Offenheit für die Regenbogenwelt, deren Stimmen er sich für die September-Wahl versprach. Es wurde eine offene Abstimmung, jeder Bürger konnte also feststellen, welcher Abgeordnete wie votiert hatte. Schulz kalkulierte mit dem Wähler-Voyeurismus, denn für viele Menschen haben offene Abstimmungen etwas, weil man Gegenvoten gedanklich an die Wohnzimmerwand stellen kann. Am 30.6.2017 stimmte eine Parlamentariermehrheit für die Einführung der Ehe gleichgeschlechtlicher Paare. „Erfolg für die Demokratie" jubilierten abgeordnete Befürworter, selbst homosexuell.[446] Das

---

[445] welt.de v. 27.6.2017
[446] So Grünen-Politiker Volker Beck

hatte natürlich den Automatismus gleichgeschlechtliche Ehe – Adoptionsrecht – ukrainischer Leihmutterschaftsdruck.[447] Ob diese Modernisten wissen, was sie anderen antun?

Schulz war damit der Initiator des Schutzverlustes der Ehe als Institution in einem christlich geprägten Land. Dass sein ehrgeiziges Wahl-Kalkül nicht aufging, machte den Schaden nicht wieder gut, die Homo-Ehe blieb.

Die politische Trickserei haben auch Katholikenführer abgeguckt.

---

[447] Ukrainerinnen tun das i.d.R. nicht aus Überzeugung, sondern aus Geldnot

Der Trick mit den Epochen

Erinnern Sie sich noch an den Historischen Materialismus (HM)? Die Anhänger der Pseudolehre nahmen unbeirrbar an, dass nach Sklavenhaltung, Feudalismus und Kapitalismus der universale Kommunismus folgen würde. Ich selbst hatte Anfang der Achtziger einen Politik-Lehrer, der in jeder Lektion die hohe Wahrscheinlichkeit unterstrich, Kapitalismus und Kommunismus würden ein System der friedlichen Koexistenz eingehen, dabei verschränkte er anschaulich seine Hände vor unseren gelangweilten Augen. Ein bisschen HM war auch er. Ein paar Jahre zuvor hatte Johannes Paul der Große seine Worte gesprochen „Habt keine Angst" und 1989 wurden die HM-ler still, weil die Geschichte sich nicht länger für ihre Epoche interessierte.

Unsere Reformer scheinen in ihrer Sturheit ebenso unbelehrbar wie die HM-ler. „Die alten Zeiten sind wirklich vorbei", wiederholt Essens Overbeck unaufhörlich. Synodale erheben sich zu Epoche Machern.

Demnach gäbe es eine alte Zeit und eine neue Zeit. Nicht fortsetzen, beenden ist das Rezept. Die Epoche aus und vorbei, die Zeit abgebrochen. Und der Bruch soll jetzt sein. Im Zusammenhang mit seinen synodalen Zielen heißt das für alle anderen: Die Essener Erkenntnis ist überepochal, geht aber auch über alle Landesgrenzen hinweg und in die Weltkirche hinein.

Epocheneinteilung ist immer rückwärtsgerichtet und soll Menschen dazu bewegen, das Bewährte loszulassen und neues ungeprüft anzunehmen. Johannes Paul hatte das nicht nötig, er dachte nicht ans Epochemachen, folgte schlicht seiner Mission.

Der Sozialbischof will ganz sicher sein, dass seine geschichtsmachende Phrase nicht nur gelesen, sondern auch gehört wird. Am 19.12.2019 ab 19.30 Uhr konstatiert er im WDR-Funkhaus-Gespräch in Köln abermals: „Die alten Zeiten sind wirklich vorbei" für die armen Seelen, die seine Einsicht immer noch nicht haben. Seine Vorstellung: Nach vermeintlicher Zäsur beginnt die Kirche unter Federführung des Kirchendemokraten ein neues Zeitalter. Die Überzeugung von der eigenen Wichtigkeit hat Erfolg, der wortgewaltigste Kontrahent bei diesem Gespräch, der katholische Philosoph und Intellektuelle Horst G. Herrmann[448] wurde durch die Moderatorin konsequent ausgebremst, wenn Overbeck oder Sternberg, der natürlich nicht fehlen durfte, ihm einmal nicht über den Mund fuhren, was selten vorkam, im Ergebnis kam Herrmann kaum zu Wort. Auch hier hätte dem Duo Sternberg-Overbeck das Bibelstudium gut getan: „Ihr könnt alle prophetisch reden, doch einer nach dem andern, damit alle lernen und alle ermahnt werden".[449]

Der klerikale Kurzdiagnostiker Overbeck hofft wohl auf die Wirkung seiner platten These wie bei algorithmischen Verhaltensmodifikationen.[450] Die funktionieren so: Für erfolgreiche Manipulation kommt es auf die Anzahl der Wiederholungen an.[451] Zwischen Herr und Hund gilt: Rd. 60 mal hört der Welpe „sitz" bis er`s kann, aber bei Hütehunden geht`s wesent-

---

[448] Autor des Buches „Im Moralapostolat: Die Geburt der westlichen Moral aus dem Geist der Reformation", Edition Sonderwege 2017, über das Papst Benedikt XVI sagt „Ein mutiges Buch"

[449] Korinther 14,31

[450] Jaron Lanier, Zehn Gründe, warum du deine Social Media Accounts sofort löschen musst, S. 11

[451] Und nochmal: „Bischof Overbeck: Die alte Zeit ist zu Ende!", katholisch. de v. 13.1.2019

lich schneller. Der Ruhr-Schäfer wird diese Marke nicht ganz erreichen, denn er rechnet bei uns Schafen mit einer höheren Intelligenz als bei Welpen. Das Schlimmste ist, dass solche Hirten von vielen Katholiken bereits als die wahre Kirche wahrgenommen werden. „Synodal subito!"

Aetas Christi

Der synodalen Zeitgeist-Herrschaft mit ihrer Epochenunterteilung steht die geschichtsübergreifende Kirche entgegen, in der wir seit Jesu Geburt einzig im Aetas Christi leben. Aetas Christi ist das Zeitalter Christi. Es beginnt bei Jesu Geburt und wird bis zum Jüngsten Tag nicht enden. Bis dahin braucht Christus gute Stellvertreter. Die Vita Christiana ist die Vita der Sukzession, die ununterbrochene Nachfolge Jesu in Gestalt der Päpste, sog. apostolische Sukzession. Das ist keine Vita der Zäsuren, denn Zeit hat nur eine Richtung und macht keine Pausen. Einem Katholiken müsste das genügen. Overbecks These krankt an einer antikirchlichen Wahrnehmung. Für einen Nichtkleriker wäre das nicht weiter tragisch. Als Alphatier einer vermeintlich neuen Epoche übersieht Seine Exzellenz indes, dass Zeit kein Faktor ist, wenn es um die Dimensionalität des Katholischen geht. Davids-Monarchie, Zölibat und Ehe zwischen Mann und Frau sind keine Frage von Zeitgemäßem oder Vergangenem, sondern des Heils, also eine göttliche Vorsehung bis zum Jüngsten Tag.

Epochen und Milieus

Limburgs Bätzing spielt den Querpass nach Essen und skandiert in ebengleicher naturgesetzlicher Notwendigkeit „Die Zeit des katholischen Milieus ist vorbei".[452]

---

[452] „Nach synodalem Weg: Bischof Bätzing spricht sich für Synode in Rom

Katholisches Milieu? Das ist ein Stichwort der neueren Geschichtsschreibung und bezeichnet den Zusammenhalt der deutschen Katholiken gegen die protestantische Dominanz im Preußischen Staat. Friedrich Graf erläutert, wie protestantische „Legitimationsmuster für eine gesamtkulturelle Führungsrolle" … „nationalistisch politisiert" und „seit 1870/71 dann zur Diskriminierung der katholischen ‚Reichsfeinde'" … eingesetzt" wurden.[453] Die Zeit ist als Kulturkampf in die Geschichte eingegangen, in dem das Protestantenduo Kaiser und Kanzler[454] allerlei Katholisches zersetzten. Aus der Zeit stammt eine diskriminierende Gesetzgebung, die bis heute prägt. So ist die vorgeschriebene Rechtsform für monastische Orden wie für Kegelvereine bis in die Tage unserer angeblich so emanzipatorischen Demokratie der „e.V.", der eingetragene Verein. Dass ausgerechnet ein katholischer Bischof den katholischen Überlebenskampf gegen die erdrückende preußisch-protestantische Staatsmacht im 19. Jahrhundert negativ belegt, ist kein gutes Omen für die Kirche, sondern Nestbeschmutzung und symptomatisch für die synodalen Abkürzungen von in Wirklichkeit komplexen Lebenswelten. Jene Wandelexperten diskriminieren, aber bekommen mit wenig Aufwand viel Publicity. Diesem Mechanismus vertraut auch Thomas Sternberg.

---

aus", katholisch.de v. 28.5.2020

[453] Der Protestantismus, Friedrich Wilhelm Graf, C.H.Beck-Verlag München, 3. Auflage 2017, S. 65

[454] Wilhelm I. und Bismarck

Der Trick mit den Mehrheiten

Kredenzen aus Halbwahrheiten haben enormes Potential und manche passen auf ein Frühstücksbrettchen. Schon morgens betete der ZdK-Ex-Präsident Sternberg unablässig die Phrase von „der überwältigenden Mehrheit" herunter, die angeblich hinter den Reformabsichten stehe. Dahinter steckte sein Bemühen um demokratische Legitimation der Veränderungen.

Falsche Mehrheitsbehauptungen kennt man sonst von Wahlbetrügern, aber so einer ist er nicht, der Thomas Sternberg, denn von Wahl kann man eigentlich gar nicht sprechen bei den Mechanismen, die solche Repräsentationsrepräsentanten an die Macht bringen. Fakt ist, dass fast niemand von uns 23 Millionen deutschen Katholiken diesen Mann zu unserem Repräsentanten gewählt hatte, genauso wenig wie seine Nachfolgerin.

So oft sie auch behauptet werden, so wenig werden sie nachgewiesen: Die Mehrheiten.

> *„Es ist einfacher, die Menschen zu täuschen, als sie davon zu überzeugen, dass sie getäuscht worden sind."*
> Mark Twain

Trottende Herde

Sternberg war seit mindestens Mai 2019 Anführer einer demokratischen Synoden-Vorhut und noch im Januar 2020 bläst er immerfort das Horn „…Weil die Zahl derer, denen die ganze Richtung[455] nicht gefällt, sehr gering ist. Dagegen sagt eine überwältigende Mehrheit von Menschen: Wir müs-

---

[455] Gemeint ist: Die Richtung der Synode, Anm. d. Verfassers

sen gemeinsam sprechen über Reformen und die Gründe, die zum Missbrauchsgeschehen von Geistlichen beigetragen haben" und im Hinblick auf die Stimmen der Synodengegner warnt er „davor, diese Stimmen zu überschätzen".[456] Und als auch der unkritische Zweig katholischen Journalismus das ein Jahr später schon nicht mehr hören kann, ruft Sternberg die Protestanten um Hilfe. In der evangelischen zeitzeichen. net betet er im Februar 2021 erneut herunter: „Die weit überwiegende Mehrheit ... will Reformen".[457] Auch hier bringt der Hochschullehrer nicht den Ansatz eines Belegs. Und der Artikel ist noch für etwas anderes gut: Die beiden Interviewer Gessler und Mawick bezeichnen darin „konservative, fromme Katholiken" als „Herde, die brav durch die Gegend trottet".[458] Ein guter Führer hätte das Interview an dieser Stelle abgebrochen, denn neben der Geringschätzung der Gläubigen zeigt es auch, mit welcher Überheblichkeit sich die beiden evangelischen Redakteure ihrem überschätzten Selbstbild süffisanten Protestantismus hingeben. Wie soll mit einer solchen Arroganz der ökumenische Schulterschluss gelingen?

Behauptung ist Macht

Kirche ist weder Mehrheit noch Minderheit, sie ist die Gemeinschaft der Gläubigen in einer für wahr gehaltenen göttlichen Religion. Vor dieser Tatsache scheint Mehrheit nicht wichtig. Dennoch soll der Sternbergschen Behauptung nachgegangen werden, denn auch ohne Mehrheiten gäbe ihm allein die unwiderlegte Behauptung davon die Macht, seine synodalen Irrtümer zu verbreiten.

---

[456] Domradio.de, Interview v. 17.1.2020

[457] zeitzeichen.net, Februarausgabe 2021, „Krise und Kampf"

[458] aaO

Da der damalige Komiteevorsteher sich nicht selbst um Belege seiner Mehrheits-These bemüht, machen wir das jetzt.

Mehrheit aus Vollversammlung

Mehrheiten sind das Ergebnis von Zählung. Aber wen zählen wir, wenn der e.V.-Mann offen lässt, wen er meint? Die Vollversammlung des ZdK hat 230 Mitglieder, jeder mittlere Förderverein hat mehr. Diesen nur Einhunderttausendsten Teil deutscher Katholiken kann Sternberg mit seiner „überwältigenden Mehrheit" nicht meinen. Offenbar geht es dem Ex-Präsidenten nicht um seine eigenen Mitglieder, sondern um die Mitglieder anderer Organisationen, das wäre allenfalls eine Frage der Repräsentation.

Dazu muss man wissen, dass das ZdK zu seinen Mitgliedern nicht nur die erwähnten 230 natürlichen Personen zählt, sondern auch Verbände wie die Diözesanräte. Allein das wären mittelbar Tausende Mitglieder. Tatsächlich wählt jeder der 27 deutschen Diözesanräte aber lediglich je drei Mitglieder in das ZdK, das macht 81, das ZdK geht auf seiner Online-Plattform von 84 aus, weil es die Militärdiözese mitzählt, sei`s drum. Zahlreiche andere katholischen Verbände und Organisationen sind in der Arbeitsgemeinschaft katholischer Organisationen Deutschlands (AGKOD) zusammengeschlossen, sie entsenden weitere 97 Vertreter ins ZdK. Hinzu kommen 45 Einzelpersönlichkeiten, die vom ZdK selbst bestimmt werden. Das macht 226.[459]

Auch mit diesen Entsandten kommt man nicht auf eine erkleckliche Zahl, ausgehend von 23 Millionen.

---

[459] Wie das ZdK laut seines Internetauftritts rechnerisch auf 230 kommt, ist unerklärlich

Geht es dann um die Katholiken, die Mitglieder in den Organisationen der AGKOD sind? Die ca. 125 Organisationen der AGKOD haben insgesamt angeblich rd. sechs Millionen Mitglieder[460], möglicherweise gerierte sich Sternberg ihrer Anführerschaft. Mehrheitsbildend kann indes auch diese Zahl nicht sein, und zwar aus vier Gründen. Erstens sind 17 Mio. Katholiken, die Differenz zwischen den 23 Mio. Katholiken insgesamt und den sechs Millionen in den Organisationen der AGKOD, also eine überwältigende Mehrheit, gerade nicht von den Verbänden vertreten. Zweitens sind sechs Mio. von 23. Mio. nur etwas mehr als ein Viertel. Zweifelhaft ist drittens das mutmaßliche Sternbergsche Repräsentationsprinzip, denn das hat folgende Logik: a) Verbände haben Mitglieder aus der ganzen Breite katholischer Couleur, b) die Mitglieder wählen Vorstände, c) diese entsenden weniger als hundert Mitglieder ins ZdK. Damit sind zahlreiche Wahlen und Ernennungen für das Zustandekommen der 230-er-Liste des ZdK notwendig, Deutschlands Katholiken haben damit keinen Einfluss auf die Zusammensetzung der ZdK-Vollversammlung. Prinzip: Repräsentative Repräsentations-Demokratie, auf dem Stuhl sitzt, wer ernannt wurde. Am Ende dieser Wahl-Ernennungs-Entsende-Kette steht dann jemand, der dem Gusto des ZdK-Präsidiums entspricht, aber gewiss nicht der Glaubenshaltung von sechs, geschweige denn 23 Millionen. Viertens können ins ZdK entsandte Vertreter nicht den Willen der sechs Millionen organisierten Mitglieder vertreten, wenn bei Entsendung noch nicht bekannt war, dass sie über homosexuelle verheiratete Priesterinnen in einer demokratisierten Kirche würden abstimmen müssen.

---

[460] Zahl am 8.3.2021 dem Online-Auftritt des ZdK entnommen. Woher das ZdK diese Zahlen nimmt, ist nicht transparent, eine deshalb dorthin gerichtete Anfrage des Autors v. 7.3.2021 blieb bis Vollendung des Buchmanuskripts unbeantwortet

Erstes Zwischenergebnis: Bis hierher keine „überwältigende Mehrheit" für den Synodalen Weg.

Gesetzte Mehrheiten

Damit die Synodalen auch ganz sicher sein können, dass man am Ende des synodalen Weges nicht plötzlich auf massiven katholischen Widerstand trifft, haben sie sich ein Kontrollinstrument ausgedacht. DBK und ZdK bestimmen in § 3 Absatz 1 Buchstabe (b) der Satzung zum Synodalen Weg hinsichtlich der Mitglieder, die das ZdK in die entscheidende Synodalversammlung entsendet: „Der Synodalversammlung des Synodalen Weges gehören an: ... 69 Mitglieder des Zentralkomitees der deutschen Katholiken ...". Ein Großteil der 69 Mitglieder, die das ZdK in den Synodalen Weg entsendet, können somit die oben erwähnten 45 Einzelpersönlichkeiten sein. Diese hat das ZdK bereits vorselektiert. Die meisten sind nicht etwa Handwerker, Soldaten oder Lebensschützer, sondern erfahrene Politiker Jahrgang 1950-1970, hier eine Auswahl: Maria Böhmer votierte 2017 als Mitglied des Bundestages für die „Ehe für alle"; Monika Grütters, plädiert unerschrocken für alle vier Synodalthemen; Barbara Hendricks heiratete vier Monate nach der Einführung des Gesetzes „Ehe für alle" ihre Lebenspartnerin; Bettina Jarasch unterzeichnete 2019 den offenen Brief an Kardinal Marx und forderte genau die vier Punkte ein, die inzwischen synodale Themen sind; Karin Kortmann, heute ZdK-Vizepräsidentin, opponierte schon 1994 gegen das Nein Johannes Paul II zum Frauenpriestertum. Annegret Kramp-Karrenbauer, vormalige Verteidigungsministerin, wandte sich 2015 noch gegen eine Gleichstellung homosexueller Partnerschaften mit der Ehe, plädierte 2018 aber unmittelbar vor ihrer Wahl zur CDU-Parteivorsitzenden für die Adoptionsmöglichkeiten gleichgeschlechtlicher Ehen, die es inzwischen gab. Einen wackeligen

Stuhl am synodalen Stammtisch[461] überließ man dann doch der seinerzeitigen Bundesministerin Julia Klöckner. Sie setzt sich zwar konsequent für Embryonenschutz und gegen die „Ehe für alle" ein, meint aber im Hinblick auf den Synodalen Weg, über den Zölibat müsse diskutiert werden.[462]

Zweites Zwischenergebnis: Das Präsidium des ZdK entsendet loyale Reformer in die Vollversammlung des Synodalen Weges. Auch aus dieser selektiven Entsendung von 69 ergibt sich, einem dreihundertdreiunddreißigtausendstel von 23 Millionen, alles andere als eine Repräsentation der deutschen Katholiken.

Umfragemehrheiten

Mehrheiten können auch aus Umfragewerten ermittelt werden. Das ZdK hat keine Umfragen zur synodalen Meinungsmehrheit beauftragt. Eine Umfrage des Meinungsforschungsinstituts Insa Consulere aus Erfurt von Februar 2021 förderte jedoch Gegenteiliges hervor, dass nämlich eine Mehrheit in Deutschland dafür plädiert, die Kirche solle sich wieder ihrem Kerngeschäft widmen. Frage war nicht unmittelbar, wie man zum Synodalen Weg stehe, aber das Ergebnis indiziert, was die Befragten von synodaler Aktivität der Kleriker halten.[463] Bereits im September 2020 hatten die Erfurter herausgefunden, dass sich über die Hälfte der deutschen Katholiken, mithin rd. 11,5 Millionen, definitiv überhaupt nicht für den Synodalen Weg interessiert, 19 % interessiert sich, also ca. 4,6

---

[461] Das Parteibuch scheint nur noch Makulatur, wenn es darum geht, Themen aus dem linken Repertoire durchzubringen

[462] welt.de v. 24.12.2019, „Klöckner wünscht sich von katholischer Kirche mehr Bewegung"

[463] Umfrage: Kirche soll Kerngeschäft statt Umwelt- und Sozialpolitik machen", Catholicnewsagency.com v. 25.2.2021

Millionen, was nicht bedeutet, dass dieses knappe Fünftel synodale Befürworter sind, ein unbekannter Teil davon sind kritische Beobachter. Der überwältigende Rest weiß überhaupt nicht, was Synodaler Weg ist.

Weiteres Zwischenergebnis: Lediglich ein Teil von 4,6 Millionen deutschen Katholiken kann rein theoretisch hinter den Reformabsichten stehen. Wie groß diese Minderheit ist, lässt sich nicht sagen, aber diese Minderheit ist zweifellos keine Mehrheit.

Ergebnis: Alle Fakten sprechen gegen die Sternbergsche Mehrheitsbehauptung.

Die Mehrheit spielt allerdings eine entscheidende Rolle, nämlich bei der Finanzierung des Synodalen Weges. Das ZdK-Jahresbudget von mehreren Millionen Euro überweist der Verband der Diözesen Deutschlands[464] und der ist nichts anderes als der Rechtsträger der Deutschen Bischofskonferenz. Diese nimmt das Geld aus den Kirchensteuereinnahmen, also von uns 23 Millionen. Besteuerung ohne Mitspracherecht bei der Verwendung: Kennen Sie das nicht schon? Und dass nur bestimmte Interessengruppen genau davon profitieren? Weiter noch: Ihnen wird vorgegaukelt, das sei für alle das Beste?

Hypothetische Mehrheiten

Und wenn die Reformer jeden der 23 Mio. deutschen Katholiken hinter sich hätte: Was wäre das angesichts von 1,3 Mrd. Katholiken weltweit? Wo bleibt dann die synodale Demokratiebegeisterung, wenn die verschwindende Minderheit von gerade mal zwei Prozent für die Weltkirche die Weichen stellen will? Das ist nicht demokratisch, sondern größenwahnsinnig.

---

[464] VDD, eine Körperschaft öffentlichen Rechts

Wie gering das Interesse der Laien an einer aktiven Beteiligung an den Synodenthemen tatsächlich ist, zeigen die Zahlen: Bis zum 10.1.2020, nur drei Wochen vor der ersten Synodensitzung, beteiligten sich an dem Forum synodalerweg.de wenig mehr als 940 User[465], das sind weniger als 0,005 Prozent der deutschen Katholiken.[466] Von „überwältigenden Mehrheiten" zu sprechen, ist einfach grotesk, vor allem angesichts der lauten Werbetrommel, die dafür gerührt wurde! Sternberg hat möglicherweise ein paar Nullen hinzugedacht, denn tatsächlich kommentiert er die winzige Zahl von Eingaben so: „… die Eingaben zeigen, wie groß bei vielen katholischen Gläubigen der Reformdruck ist", als hätte er seinen Kommentar schon vorformuliert gehabt und die winzige Zahl anschließend einfach nicht zur Kenntnis genommen. Sternberg hat jedes Verhältnis zur Realität verloren, seine Welt ist die Illusion der Einheit von synodalem Klerus und Laien.

Das Synodenlatein wird in den eigenen Reihen teilweise erkannt: Der Schweizer Theologe Daniel Bogner kommentierte direkt im Anschluss an die erste Sitzungsreihe: „Man kann nicht von der gleichen Würde aller Getauften sprechen, die Menschen zur engagierten Mitarbeit einladen und sie dann unter ein derartiges Fallbeil der Willkürlichkeit stellen".[467]

Macht bezieht das ZdK allein dadurch, dass die DBK es als Vertretung der deutschen Laienkatholiken bezeichnet. Dass die Presse über das ZdK immer wieder schreibt „Es vertritt die katholischen Laien bei der gesellschaftlichen Meinungsbildung"[468], ist natürlich völliger Quatsch. Anstelle öffentlicher

---

[465] Domradio.de v. 10.1.2020

[466] Bis 23.1.2020 sollen es dann über 5.300 gewesen sein

[467] Theologe Daniel Bogner in der Bistumsakademie Franz-Hitze-Haus in Münster Anfang Februar 2020

[468] So domradio.de v. 16.3.2020, „Katholikenkomitee lobt gesellschaftlichen

Meinung tritt veröffentlichte Meinung. Sie bilden sich ein „wir sprechen für alle". Und ausgerechnet dieser protestantisierende Hochschullehrer Sternberg im Talar des Katholizismus fordert bei anderen „Schluss mit Trickserei" und „Unbedingte Transparenz" ein.[469]

Wir sehen: Auch Lügen sind produktiv.

Zusammenhalt"
[469] zeitzeichen.net, Februarausgabe 2021, „Krise und Kampf"

Prognose. Vergeben. Erheben

Prognose

Manchen Urknall hört man nicht, man liest ihn. Am 14. Juli 2022 dreht die Katholikenpräsidentin Stetter-Karp das Fünfte Gebot auf links: In der Zeit-Beilage Christ und Welt bekennt sie ihren wahren Willen. Wörtlich: „… dass der medizinische Eingriff eines Schwangerschaftsabbruchs flächendeckend ermöglicht wird".[470]

Stetter-Karp steht einem Komitee vor, das im In- und Ausland – fälschlich – als Vertretung aller deutschen Laienkatholiken wahrgenommen wird. Von dessen Spitze wird nun der Dolch geführt gegen unsere Ungeborenen. Lange nach ihrer Wahl hielt sich die ZdK-Präsidentin bedeckt, jetzt bekennt sie, was sie umtreibt. Was für eine sklavische Imitation des gesellschaftlichen Leitbildes!

Die Pseudokatholikin war Mitbegründerin des Donum Vitae e. V., dessen Vereinszweck die Schwangerschaftskonfliktberatung ist. Auf der Seite donumvitae.org wird der User noch aufgefordert: „Spenden Sie für das Geschenk des Lebens …", aber auch „… für eine ergebnisoffene, wertorientierte Beratung für Frauen und ihre Partner".[471] Kurz: „Ich bin für das Leben, es sei denn, Sie sind anderer Meinung".

Mit ihrem Beitrag Mitte Juli deeskaliert Stetter-Karp die Spannung zwischen Leben und Tod und stellt endlich die vollendete Symmetrie her zwischen ZdK und demokratischer Gesellschaft. Der Katholik muss jedoch klar Stellung beziehen und

---

[470] Gastbeitrag Irme Stetter-Karp in Christ und Welt 29/2022
[471] Sicherungskopie für dieses Buch: 31.7.2022

nicht mit einem „guten politischen Kompromiss" rumeiern in der Hoffnung, er könne so auf allen Hochzeiten tanzen, heute ein hohes Amt in der Kirche und morgen ein anderes in der Politik besetzen. Der Glaube verlangt uns ganz, nicht in zwei Hälften.

Mit ihrer personifizierten Apokalypse gibt die Mutter zweier Kinder nicht nur ein miserables Vorbild ab, sie zeigt Rom auch offen, dass sie sich dem makabren Zeitgeist andient anstatt ihm die Stirn zu bieten. Stetter-Karp schockiert mich nicht, die Äußerung war auf dem Synodalen Weg zu erwarten, jetzt war es halt die Synoden-Co-Präsidentin selbst, die den Nullpunkt verschob.[472]

Im Grunde hat Stetter-Karp die düsterste Prognose zum Synodalen Weg bereits vollendet. Sollte sie bei Erscheinen dieses Buches zurückgetreten sein, ändert das gar nichts an dem Schaden, den sie dem Ansehen des Katholischen in Deutschland angerichtet hat.

Eine plötzliche Aktion gegen Gesetz und Regierung mit dem Ziel der Machtübernahme ist eine Revolte, falls sie misslingt. Hat sie Erfolg, spricht man von Putsch. Wehe uns, wenn die Putschisten triumphieren! Mit ihrer Mischung aus Melancholie und Modernismus sucht die synodale Achse des Schrägen Anschluss an einen erbärmlichen Zeitgeist von Kindstötung bis Suizidbeihilfe. Im Zustand theologischer Bewusstlosigkeit erfinden sie eine Eucharistie nach Belieben. Die Jungfrauengeburt wird nur noch ein Phantomschmerz der synodierten Kirche sein.

Reformer setzen sich selbst an die Stelle der Evangelisten, aber berufen sich auf die Forderungen der Ungläubigen, denn im-

---

[472] Für eine Stellungnahme gegenüber dem Autor war Stetter-Karp am 15.7.2022 nicht erreichbar. Bischof Bätzing äußert sich bis heute nicht zu der Forderung seiner Synodalen-Co-Präsidentin (Stand: 11.8.2022)

mer wieder behaupten sie öffentlich: „Die meisten glauben es nicht mehr". Für die Publicity haben sie synkretistische Neotheologen rekrutiert, denen jede katholische Tiefendimension fehlt.

Eine Prognose für die nachsynodale Entwicklung ist dennoch schwierig, weil sich Systeme wie der Synodale Weg nicht deterministisch entwickeln. Dennoch lohnt es sich, die losen Enden des Synodalen Wegs weiterzudenken und davor zu warnen, weil wir dem Bösen gegenüber nicht auch noch tolerant sein dürfen.

Gut und Böse kämpfen um unsere Seelen, und im westlichen Atheismus ist das Böse im Vorteil. Wenn die Demokratie der Kirche verbietet, ihre Stimme gegen Moralzerfall zu erheben, dann scheint Demokratie als Freiheit von Glauben. Und ich denke immer mehr, das ist sie auch.

Es wird Widerstand geben, aber auch die Reformer sind hartnäckig. Ihre Hartnäckigkeit speist sich aus der Überzeugung, mit ihren Ideen nicht den Verwirrer anzubeten, sondern Gott.[473]

Ihrer Spiritualität beraubt, soll die Kirche verdiente Bischöfinnen haben, die aus selbstentworfenen Phantasie-Leibchen[474] ins Leere starren, ein absoluter Tiefpunkt auch in der europäischen Kostümgeschichte. Von so einer will kein Kind getauft werden.

Und die Gesellschaft? Westliche Familienhygiene triumphiert über die Fruchtbarkeit. EU-Kopfgeldjäger hinter der Maske von Menschenrechtlern legen Hand an unsere Enkel. Leben wird zum Privileg durch Rechtsstaats-Gnade ohne den Herzschlag unseres Glaubens.

---

[473] Röm 1, 25 (in manchen Übersetzungen Röm 1, 24)

[474] Sind die wirklich schöner als Tiara und Pfauenwedel?

Deutsche Reformer sind nicht für die Vermeidung von Kirchenschismen bekannt. Ihre Methode ist einem Palimpsest vergleichbar, bei dem die Autoren die Texte vom wertvollen Pergament abschaben und dann einfach überschreiben. Das geht auch medial: Nachdem sie ihre Absicht zur Segnung homosexueller Paare endlos heruntergebetet hatten, veröffentlichte die römische Kongregation für die Glaubenslehre im März 2021 einen *Responsum ad dubium*.[475] Dort heißt es auf die vorgelegte Frage „Hat die Kirche die Vollmacht, Verbindungen von Personen gleichen Geschlechts zu segnen?" unmissverständlich: „Nein". Dazu Bätzing: Man würde die Erläuterungen des Vatikan beim weiteren Synodalen Weg berücksichtigen.[476] Sein synodaler Präsidiumskollege Sternberg spricht offen aus, was er vom obersten Organ[477] in Glaubensfragen hält: „Die Antwort aus Rom reihe sich ein in `eine Folge von Störungen des Synodalen Weges".[478] Manchen ist schlicht die Verhältnismäßigkeit abhanden gekommen.

Zwar dauert eine Revolution nur so lange wie ihre Akteure nicht arbeiten müssen. Auf keinen Fall dürfen wir aber der Naivität verfallen, dass sich die Darsteller des absurden Theaters nach der Frankfurter Regentschaft vor dem Applaus der Regenbogengesellschaft verbeugen, der Vorhang fällt und die Hirten zu ihren Schafen zurückkehren. Sie werden weitere Bühnen zu erobern versuchen, vor allem Rom. Im Gepäck werden sie nicht nur „Bodes Erzählungen" haben, sondern auch mit dem päpstlichen Mitleid für die Missbrauchsopfer

---

[475] Responsum ad dubium v. 22.2.2021

[476] „Bätzing: Synodaler Weg wird Standpunkt der Glaubenskongregation berücksichtigen", die-tagespost.de v. 15.3.2021

[477] Zumindest was die Kollegialorgane betrifft, aber natürlich ist der Papst die höchste Instanz auch in Glaubensfragen

[478] „`Nein` zur Segnung homosexueller Paare: ZdK enttäuscht", die-tagespost.de v. 16.3.2021

spekulieren in der Hoffnung, der Heilige Vater werde auf ihre Kausalitätslegende hereinfallen.

> *Herr, lass die Wölfin erkennen, dass man*
> *ihr diabolische Zwillinge unterjubelt!*
> **Gebet des Verfassers**

Vergeben. Erheben

Nachdem wir unseren Komplettvorrat an Verwünschungen gegen den deutschneukatholischen Moralprotestantismus[479] ausgebracht haben, müssen wir versuchen, den Synodalen zu vergeben. Anschließend gehen wir ans Werk. Wir – das sind alle, die der Auffassung sind, dass die Kirche sich nicht um der Anpassung willen anpassen darf. Denen nicht egal ist, dass die Kirche nur als Materialressource für synodalen Privatkult missbraucht wird. Die meinen, dass sich die Kirche gerade deshalb von der gesellschaftlichen Realität – dem Zeitgeist – distanzieren muss, um sie kritisch zu hinterfragen und dann unbeirrt ihre Sendung zu verwirklichen, wie Papst Benedikt XVI in seiner Freiburger Rede am 25.9.2011 sagte. Die begreifen, dass Synodalität und Ökumene nicht die innersten Wesenszüge des Katholischen sind, der sich am Pfingstmorgen vom Kern zur Schale ausbreitete, nicht durch Verschmelzung, sondern durch Mission. So dürfen wir auch jetzt nicht mit solchen fusionieren, die nur nett sind, aber keinen Glauben haben.

Eine unserer ersten Aktionen muss es deshalb sein, die Frankfurter Pseudokatholiken aus dem Tempel zu jagen. Denn die

---

[479] Das Wort steht sowohl für die gesinnungsethische Glaubensrevolte der Reformatoren wie auch für die blutrünstige Scheinheiligkeit der neofranzösischen Revolutionäre

Kirche darf kein Experimentierkasten von Reformern[480] mit persönlichem Haftungsausschluss werden. Sobald sie genügend Chaos gestiftet haben, bieten sie ihren Rücktritt an oder kandidieren nicht mehr. Es ist unsere Aufgabe, die wahre Kirche zu schützen, damit sie das Licht bleibt und die erbärmliche Kerze des Synodalen Wegs in ihrem Schatten verbrennt.

„Durch sie (die Priester, Anm. d. Autors) werde ich
in der Kirche nach der großen Reinigung und Läuterung
noch heller aufscheinen … Die Mutter hat von Jesus
die Macht, die verirrten Söhne wieder heimzuführen"
Offenbarung der Gottesmutter an Don Stefano Gobbi
Das Blaue Buch, Offenbarung v. August 1973

Bischöfe und Theologen vor allem aus anderen Teilen der Welt haben die deutschen Reformer bereits ermahnt. In einer *correctio fraterna*[481] weisen ukrainische Bischöfe ihre deutschen Kollegen auf die Unvereinbarkeit der synodalen Reformvorhaben mit der kirchlichen Lehre hin.[482] Der deutsche Weg beruhe nicht mehr auf dem Evangelium, sondern auf der Säkularisierung. Aber vergeblich. Spätestens jetzt haben wir Laien Verantwortung. Korrigiert sie, wenn sie falsch predigen!

Ausgangsfragen müssen sein: Womit bereiten wir am besten die Wiederkehr Jesu Christi?

Neumissionierung ist ein Medium. Wo immer Sie sind, nutzen Sie die Gelegenheit, Ihren Glauben zu zeigen! Die wahre

---

[480] ZdK-Präsident Sternberg über den Synodalen Weg: „Der Weg entsteht beim Gehen", „Spielregeln für Synodalen Weg festgelegt", domradio.de v. 1.2.2020

[481] Brüderliche Zurechtweisung

[482] „Synodaler Weg: Ukrainische Bischöfe kritisieren deutschen Reformkurs", die-tagespost.de v. 12.2.2020

Kirche wird vielleicht klein sein. Ihre Mitglieder werden Ungeheures leisten müssen. Sie werden verspottet werden. Der Herr wird sie lieben.

Da Sie katholisch sind, können Sie in letzter Konsequenz keine Partei wählen, die Kindestötung als jederzeitigen Zugang zur Gesundheitsfürsorge ins Programm schreibt!

Es ist Zeit, jeden Parlamentarier anzuklagen, der sich an der Legalisierung von Abtreibung beteiligt. Es ist Zeit, Sterbende zu begleiten, anstatt ihr Leben zu verkürzen. Es ist Zeit, katholische Städtepartnerschaften zu stiften, damit Katholiken gemeinsam diese Zeiten überstehen. Und nehmen Sie die Kommunion so oft Sie können!

Der Gehorsam des katholischen Laien gegenüber den Bischöfen hat seine Grenze „im wahren Wohl der Seelen, dem höchsten Gesetz der Kirche".[483] Es ist unsere Pflicht, ihnen offen zu widersprechen, wenn sie sich dem Zeitgeist hingeben, um von den Minderheiten oder vielmehr von denen, die sich ungefragt für sie einsetzen, Hurra-Rufe zu genießen in der Hoffnung, den Untergang ihrer Kirche nicht mehr zu erleben.

Ungehorsam gegenüber den synodalen Bischöfen ist jetzt die einzige Möglichkeit, sich Gehör zu verschaffen und das Schlimmste abzuwenden. Katholisch kommt von katolikos – allumfassend. Dann tun wir das auch – uns einmischen!

Wenn das gemeinsame Glaubensgut in Gefahr ist, ist jeder Gläubige berufen, den geistlichen Führern die Gefolgschaft zu verweigern. Ungehorsam gegenüber dem Bischof als Menschen, aber gehorsam gegenüber dem Herrn, so wir dessen Willen klar erkennen.

---

[483] „Klarheit suchen: eine Bitte, die Knoten in `Amoris Laetitia` zu lösen", Schreiben der Kardinäle Walter Brandmüller, Raymond Leo Burke, Carlo Caffarra u. Joachim Meisner an Papst Franziskus v. 19.9.2016

Auch für den sehr unwahrscheinlichen, aber immerhin denkbaren Fall, dass Rom die deutschen Beschlüsse 2023 für die Weltkirche ratifiziert, wird es zum Schisma kommen. Denn die von den unsäglichen Reformen enttäuschten Katholiken, Kleriker wie Laien, werden die wahre Kirche fortführen, und sei es durch Errichtung einer Theokratie in einer neuen Enklave. Das scheint für viele noch eine undenkbare Option, während Gründungskonzepte bereits von Hand zu Hand gereicht werden. Europa will Führer, die seines Erbes würdig sind. Auf die ein oder andere Weise wird die wahre Kirche Christus entgegengehen.

Und dann müssen wir natürlich als erstes auch persönlich bereit sein umzukehren. Das können wir, in dem wir immer öfter fragen, ob wir unser Leben noch katholisch leben, aber auch sehr konkret, zum Beispiel, indem wir Gruppen zur Ewigen Anbetung gründen. Die Mitglieder können auch online beten, bitten Sie einen Priester, eine Online-Kamera in einer Kapelle zu installieren und den Fokus auf die Monstranz mit der geweihten Hostie zu richten. Hierzu muss die Zustimmung des örtlichen Bischofs eingeholt werden. Erstellen Sie einen Stundenplan, in den sich Ihre Freunde und Bekannten zum Gebet online eintragen können. So können sich weltweite Gebetsgruppen bilden. Beten Sie auch für die Rückkehr des Heiligen Geistes nach Deutschland und ganz Westeuropa.

Legitimation für Veränderungen kann nur aus dem Schatz stammen, an den wir alle schon immer geglaubt haben.[484] Wer an die Offenbarung des Johannes glaubt, der spürt, dass nur Jesus der Christus durch seine Wiederkehr allem einen finalen Sinn geben kann. Bereiten wir ihm den Weg! Nicht mit der Moderne in ihrer persönlichen Selbstentfaltung. Bereiten wir

---

[484] Sensus ecclesiae

ihm den Weg mit dem Lauschen auf den Atem des Vaters im ununterbrochenen Aetas Christi!

Ich bin nur ein kleiner Gläubiger, aber meine Sorge ist umso größer. Wenn ich in meinem Bemühen, die Kirche zu schützen, jemandem seine Fehler zu kleinlich vorgehalten habe, so bitte ich ihn um Vergebung. Sollte ich jemanden vergessen haben zu erwähnen, der sich selbst für wichtig hält, so möge er sich fragen, warum. Sollte ich in meinen Auffassungen irren, so möge man mich zurechtweisen.

Der Herr wird uns führen, wenn der Sturm kommt.[485]

---

[485] Dann können die Synodalen ihren AMOK rückwärts lesen.